Adolf Holl

Falls ich Papst werden sollte

Adolf Holl

Falls ich Papst werden sollte

Ein Szenario

List

1

Ja, mein Engel. Oder bist du ein Teufel? Mein heimlicher Zwilling. Mein Schatten bei Tag, und des Nachts träumst du in mir.

Kardinal möchtest du sein? Von einem römischen Talarschneider dir ein neues Feiertagsgewand anmessen lassen, gemächlich in deiner ganzen Pracht über den Petersplatz schreiten, zur Würdigung deiner Person. Sobald der Heilige Vater geruht haben wird, die Zahl des Kardinalskollegiums wieder einmal voll zu machen.

Der Wunsch stiehlt sich in das stille Haus des Traums, wird halbwegs Fleisch, läßt sich zunicken von freundlichen Prälaten, plaudert mit dem Papst, reicht verschleierten Damen den Ring zum Kuß.

Die Sünde ist in Gedanken. Ob der Gedanke Tat wird, ob ihn der Körper nachspielt, das ist Zufall.

Der päpstliche Nuntius in Wien hat anrufen lassen, ob ich die Güte hätte, ihm am kommenden Montag um elf die Ehre meines Besuches zu erweisen. Das Ernennungsdekret ist eingetroffen, ich halte es in der Hand, während sich der Nuntius zurücklehnt.

Aber ich bin doch als Priester suspendiert, Exzellenz. Kirchliche Strafen, verehrter Herr Doktor, sind bekanntlich absolvierbar. Außerdem sind in Ihrem Fall eine ganze Reihe von Formfehlern passiert. Es ist der ausdrückliche Wille des Heiligen Vaters, einer Reihe von gemaßregelten Theologen den Kardinalshut zu verleihen.

Wie Sie vielleicht wissen, Exzellenz, lebe ich mit einer Frau zusammen.

Der Nuntius, ein Amerikaner, ist jünger als ich. Jetzt lächelt er. In Ihrem Alter, Herr Doktor, wird das sicher kein großes Problem darstellen. Wir haben andere Sorgen.

Ab und zu wird man Sie nach Rom einladen, Herr Kardinal, sagt der Nuntius zu mir. Die Glaubenskongregation ist sehr daran interessiert, Ihren Rat einzuholen. Ansonsten erhoffen wir noch viele Bücher von Ihnen. Der Heilige Vater schätzt Ihre Arbeiten, besonders das Buch über Christus. Wie hieß es genau?

Jesus in schlechter Gesellschaft.

Danke. Der Heilige Vater hat es in Brasilien

gelesen, als Theologieprofessor. Waren sie in Brasilien?

Ja, einmal.

Dann werden Sie sicherlich verstehen, warum Sie in Lateinamerika einen besseren Ruf haben als in Europa. Sprechen Sie Italienisch?

Nur im Ristorante.

Ein kleiner Sprachkurs würde nicht schaden. Kardinäle sollten Italienisch können. Ich habe eine Cousine, die in der Nähe von Florenz verheiratet ist. Ein Monat in Florenz wäre keine Gottesstrafe, mein Engel. Oder bist du ein Teufel?

2

Nein, mit der päpstlichen Würde hast du bislang nicht gespielt. Vielleicht willst du mich überraschen. Reden wir weiter, wenn ich erst einmal Kardinal geworden bin. Dann gehöre ich zur Hundertschaft derer, die nach dem Ableben eines Papstes von allen vier Ecken der Welt nach Rom zum Konklave kommen, um aus ihren Reihen den nächsten Nachfolger Petri zu wählen. Dann sitze ich in der Sixtinischen Kapelle und gebe meine Stimme ab. Dann tritt ein, was in der letzten Zeit schon ein paar Mal passiert ist. Ein Außenseiter aus Wien erhält die meisten Stimmen. Werde ich dann einen roten Kopf bekommen, wie Kardinal Wojtyla anno 1978? Du weißt es, mein Engel. Ich aber höre mich sagen: Spätestens mit 80 gehe ich bestimmt in Pension, meine Herren.

Wie lang wird dieses fromme Theater noch weitergehen? Eine Mittelstreckenrakete würde genügen, um die grandiose Kulisse des Vatikans wegzuputzen. *Civitas septicollis diruetur*, heißt es in der Weissagung des heiligen Malachias.* Die Siebenhügelstadt wird zerstört werden. Möglicherweise zur Zeit meines Pontifikats. Das sind keine besonders schönen Aussichten.

Die Malachias-Prophetie erschien erstmals 1595 im Druck, verlegt von Giorgio Angelieri zu Venedig, unter dem Titel »Lignum Vitae«, was soviel wie »Lebensbaum« heißt. Die zweibändige Arbeit des belgischen Benediktiners Arnold Wion beschrieb Leben und Werke illustrer Mönche der Ordensfamilie des heiligen Benedikt, darunter auch die Person des irischen Erzbischofs Malachias, gestorben am 2. November 1148 im Clairvaux auf der Reise nach Rom. Von den Schriften des Malachias, schrieb Wion, ist mir keine unter die Augen gekommen, außer einer gewissen Weissagung über die Päpste, die meines Wissens noch nicht veröffentlicht wurde und auf die viele neugierig sind. Deshalb folgt, auf den Seiten 307 bis 311 des ersten Bandes der gelehrsamen Abhandlung, die *Prophetia S. Malachiae Archiepiscopi, de Summis Pentificibus*. Sie schließt folgendermaßen: »Während der allerletzten Verfolgung der heiligen römischen Kirche wird Petrus Romanus regieren und die Schafe unter vielen

* Hildebrand Troll, Die Papstweissagung des heiligen Malachias, Augsburg 1988, 93.

Bedrängnissen weiden, nach deren Ende die Siebenhügelstadt zerstört werden und der fürchterliche Richter sein Volk zur Rechenschaft ziehen wird.«

Das könnte sehr bald passieren. Denn auf der Liste des Malachias ist nach Johannes Paul II. nur noch ein Platz frei, unter der Devise »Gloria olivae«. Der Ölbaum ist ein Zeichen des Friedens und der Versöhnung, zum Beispiel zwischen dem Heiligen Stuhl und gewissen vorlauten Theologen.

Und dann die Rakete, während ich vor meinem Frühstücksei sitze, im letzten Stock des Apostolischen Palastes? Nicht unbedingt. Der Abbruch der Liste muß nicht bedeuten, daß der Olivenbaum der letzte Papst sein wird, der friedlich in seinem Bett sterben darf. Aber ein mulmiges Gefühl bleibt trotzdem zurück.

3

Die erste Frage an einen neuen Papst ist die nach dem Namen, unter dem er regieren möchte. Erwartet wird, daß er diesbezüglich ein wenig nachgedacht hat, auch wenn er mit seiner Wahl überhaupt nicht gerechnet haben sollte. Ohne Mitnahme einer offiziellen Papstliste sollte kein Kardinal ins Konklave gehen. Die Liste zählt mittlerweile 264 Namen, wenn man den heiligen Petrus (= »Fels«) einschließt, einen aus Palästina gebürtigen Berufsfischer mit Namen Schimon, den der Herr Jesus als Menschenfänger installiert hatte, an der Spitze der Zwölf, die in alle Welt hinausschwärmen sollten, um das Evangelium zu künden jeglicher Kreatur. Unter anderem auch in Rom, wo Schimon Fels dann mit dem Kopf nach unten gekreuzigt wurde, wie es heißt, auf Befehl des wüsten Nero, in den sechziger Jahren des ersten Jahrhunderts nach Christi Geburt. Worauf ein gewisser Linus auf Petri Stuhl Platz nahm und so weiter und so fort bis zum heutigen

Tag. Das soll uns erst einmal jemand nachmachen.

Am beliebtesten unter den Papstnamen war Johannes (23 mal), gefolgt von Gregor (16 mal), Benedikt (15 mal), Klemens (14 mal), Innozenz und Leo (je 13 mal), Pius (12 mal), Alexander und Urban (je 8 mal). Eine ganze Reihe von Namen tauchen nur ein einziges Mal auf, darunter so merkwürdige wie Hormisdas oder Lando, während andere sozusagen aus der Mode kamen, auch so schöne wie Hadrian, Martin und Nikolaus.

Der vorläufig letzte Nikolaus, ein Arztsohn namens Tommaso Parentucelli aus Sarzana in Ligurien, starb 1455. An ihn anzuknüpfen wäre kein schlechter Gedanke. Mit ihm bestieg die italienische Renaissance den päpstlichen Thron, in einem heruntergekommenen Rom voller Ruinen. Auf dem Forum weideten die Kühe, und die Basilika des heiligen Petrus war nach tausend Jahren dringend renovierungsbedürftig. Nikolaus hatte sich bereits in jungen Jahren im Dienst des Kardinals Albergati stark verschuldet, um wertvolle Handschriften zu sammeln. Aus seiner Bücherleidenschaft wurde ein Schatz von neuntausend Bänden, der Grundbestand der späteren Vatikanischen Bibliothek. Als Papst beschäftigte er fachkundige Kopisten, die für ihn das Wissen der Antike in Schönschrift auf Pergament übertrugen. Seinen

Namensvetter Nikolaus von Kues, einen der hellsten Köpfe seiner Zeit, machte er zum Kardinal und zum Bischof von Brixen. Und schließlich geht der Plan, die baufällige Peterskirche durch einen imposanten Bau im neuen Stil zu ersetzen, auf diesen Papst zurück, der wie durch ein Wunder gewählt wurde, als Kompromißkandidat im damals üblichen Tauziehen der adligen Familien Colonna und Orsini um den Schlüssel zur Schatulle des Kirchenstaats.

Sich an Nikolaus V. erinnern, hieße vom Papst einen sicheren Geschmack in Literatur und Kunst erwarten. Ein Großteil der gegenwärtigen theologischen Prosa würde dann freilich im päpstlichen Papierkorb landen. Ja, mein Teufel. Das würde dir bestimmt gut gefallen.

Auch der Papstname Cölestin blieb mit der Nummer 5 sozusagen stecken. Dabei stößt man auf einen seltsamen Heiligen, wie aus einer mittelalterlichen Legendensammlung entsprungen, der aus freien Stücken die Schlüssel Petri niederlegt, nach nur fünfmonatigem Wirken.

Gewählt wurde dieser merkwürdige Papst am 5. Juli 1294, von den zwölf Kardinälen, die damals das heilige Kollegium bildeten, einstimmig in einer Art von Aufwallung, sogar unter Tränen. Vorangegangen war die gewohnte Rangelei zwischen den Parteigängern der Orsini und denen der Colonna um das höchste Prestige im christlichen Abendland, diesmal zweieinhalb Jahre hindurch, zuerst in Rom, später in Perugia. Auch König Karl II. »der Lahme« von Anjou, auf der Rückreise von den Pyrenäen nach Neapel, schaute in Perugia vorbei und drängte auf eine Entscheidung, jedoch vergebens. Deshalb machte er einem greisen Einsiedler in den Abruzzen unweit der Marktstadt Sulmona seine Aufwartung. Der fromme Mann, Pietro del Murrone mit Namen, hatte in seinen tatkräftigen Jahren eine streng lebende Genossenschaft von kontemplativen Männern gegründet, die in drei Dutzend Klöstern ihr Seelenheil wirkten. Als ihr Abt war Pietro kürzlich zurückgetreten, im Alter von bald 80 Jahren, um in Ruhe an den Himmel (lat. *caelum* oder *coelum*) denken zu können.

Es kam anders. Auf die Bitten des Königs hin schrieb Pietro einen Brief an den Kardinal Malabranca aus dem Franziskanerorden, in dem von einer Vision die Rede war, die der heiligen römischen Kirche schweres Unheil ankündigte. Malabranca las das Schreiben seinen Kollegen vor, noch ohne den Verfasser zu nennen. Bald starb ein junger Orsini, Bruder des Kardinals Napoleone, zur Betroffenheit aller, woraufhin Malabranca den Briefschreiber identifizierte und vorschlug, ihn zum Papst zu machen. Der Vorsitzende, ein Orsini, sei daraufhin auf die Knie gefallen, fährt der Bericht fort, ergriffen bei dem Gedanken, einen Heiligen zum Papst zu küren. Auch die übrigen Kardinäle hätten ihre gewohnte Besonnenheit vergessen, und so sei dann geschehen, was offenbar passieren mußte.

Die radikale Fraktion unter den Franziskanern war besonders begeistert. Für sie läutete Cölestin V. ein neues Zeitalter ein, das Dritte Reich des Heiligen Geistes, in dem alle Gewaltherrschaft, auch die kirchliche, wie ein Kinderspiel anmuten würde. Sie reklamierten den Papst als Gesinnungsgenossen, mit einigem Recht, wie sich bald zeigte. Zu seiner Krönung am 29. August in der Kirche Santa Maria di Collemagio außerhalb der Mauern von L'Aquila, deren Bau er selbst betrieben hatte, ritt der Engelpapst auf einem Esel, nach Christi Vorbild, unter starkem Andrang des Volkes, und verfügte sich dann Anfang November nach Neapel, wo ihm Karl der Lahme im Castel Nuovo eine Residenz einrichtete. Am wichtigsten war dem Engelpapst die Festigung seiner eigenen Ordensgründung, deren Verfassung er per Dekret für die Zukunft sicherte. Selbstverständlich dachte er auch an die strenggläubigen Franziskaner und stellte sie unter den Schutz des Kardinals Napoleone Orsini.

Ansonsten tat er, was sein königlicher Gönner von ihm wollte, ernannte zwölf Kardinäle, unter ihnen sieben Franzosen und zwei Klosterbrüder seines eigenen Ordens, unterschrieb einen Friedensvertrag mit dem König von Aragon und hörte sich eher unwirsch die vielen Klagen über die Korruption in der päpstlichen Kurie an. Nach einem Monat hatte er genug von alledem, erließ am 10. Dezember eine Konstitution über die Abdankungsmöglichkeit der Päpste und verzichtete drei Tage später auf alle Ämter und Würden.

Seinem Nachfolger versuchte er sich durch Flucht zu entziehen, doch er wurde gefaßt und zur Sicherheit im Castello Fumone bei Ferentino südöstlich von Rom festgesetzt, wo er dann auch im Mai 1296 gestorben ist, offensichtlich zufrieden mit sich, mit Gott und der Welt. Kein Papst hat seither daran gedacht, sich Cölestin zu nennen. Auch ich möchte das Risiko nicht eingehen. Cölestin wurde schleunigst zur Ehre der Altäre erhoben, bereits sieben Jahre nach seinem Tod. Den hohen Tugendgrad eines Heiligen möchte ich mir ungern zumuten.

Am besten gefällt mir einer der ältesten Papstnamen, wenn nicht der erste überhaupt, der um 450 herum im römischen Formular der heiligen Messe auftaucht, gleich nach der Muttergottes und den Apostelfürsten Petrus und Paulus: Xystus, später Sixtus. Ein griechischer Name also, dann latinisiert, und wer ihn als erster trug, ist kaum noch rekonstruierbar. Gelebt haben könnte der Mann zwischen den Jahren 80 und 125 unserer Zeitrechnung, wenn man ihn 45 Jahre alt werden läßt, und daß er als Christenmensch hingerichtet worden ist, darf vermutet werden. Mehr ist vom ersten Xystus oder Sixtus nicht bekannt. Der zweite Xystus wurde im August 258 während der Christenverfolgung unter Kaiser Valerian in den Katakomben aufgespürt und sofort enthauptet. Der dritte Papst dieses Namens lebte bereits in ruhigeren Zeiten, mußte sich mit der Theologie eines gewissen Pelagius herumärgern und starb im Jahr 440, nach acht Jahren im Amt, um dem ersten Leo Platz zu machen, einem Machtmenschen der besonderen Art, hinter dem er rasch verblaßte. Dann war für den Papstnamen Sixtus erst einmal tausend Jahre Pause, bis zur Wahl des Francesco della Rovere anno 1471, nach dem die Sixtinische Kapelle benannt ist. Der vierte Sixtus kümmerte sich hauptsächlich um das Wohlergehen seiner verarmten Verwandtschaft, erhob junge Sittenstrolche zu Kardinälen und erlaubte zwischendurch der spanischen Isabella samt ihrem Ferdinand die Wiederbelebung der heiligen Inquisition, inklusive Judenvertreibung, was diesen Heiligen Vater leider zu einem Widerling macht, auch wenn er von Melozzo da Forli wunderschön abgemalt worden ist, für die Bibliothek des Vatikans.

Besser steht der vorläufig letzte Sixtus da, von armen Eltern, mit 9 Jahren ins Kloster gesteckt, mit 45 Ordensgeneral der Minoriten, mit 49 Kardinal, dann kurzfristig in Ungnade, mit 64 Papst. Ihm blieben fünf Jahre, um die Finanzen des Kirchenstaats zu sanieren, den Banditen in Mittelitalien das Leben schwer zu machen, die päpstliche Kurie von Grund auf neu zu organisieren, gutes Wasser nach Rom leiten zu lassen. Unter ihm kam der antike Obelisk aus kaiserlichen Zeiten auf den Petersplatz, wo er noch heute steht, und auch die Kuppel der Peterskirche wurde fertiggestellt, gleichzeitig mit dem Apostolischen Palast, als würdige Bleibe für die Stellvertreter Christi auf Erden. Der einzige Wermutstropfen in diesem glanzvollen Pontifikat war der klägliche Untergang der katholischen Armada Philipps II. im Jahr 1588, wonach sich der Weltgeist eher dem protestantischen Norden zuneigte. Aber dafür konnte Sixtus V. nichts, als er zwei Jahre später starb, ein selbstherrlicher Barockmensch, der bereits in die Neue Welt hinüberblickte, wo seine Missionare den Indios das Kreuzzeichen beibrachten.

Was sagst du zu Sixtus, mein rotblonder Engel? Sixtus VI. möchte ich mich nennen, Sisto Sesto auf Italienisch, was gut über die Zunge geht. Die Reihe meiner Vorgänger, zurückreichend in das erste Jahrhundert der christlichen Inspiration, bietet für jeden Geschmack ein passendes Signal. Wer sich empören möchte, kommt ebenso auf seine Rechnung wie der gläubige Sinn; Kunstbegeisterung und Nostalgie finden Stoff genug zum Schwelgen im Gestrigen, und sogar die Zahlenspekulation darf über Sistosesto brüten, der an einen doppelten Sechser denken läßt, an das Sechste Gebot und den Sex, das Hexagramm, die Zahl der Krüge bei der Hochzeit von Kama, die drei Flügelpaare der Seraphim-Engel.

Und siehe. Schon schwebt einer der Seraphim-Engel auf mich zu, mit einer glühenden Kohle, und berührt mit ihr meine Lippen. Damit ich mir nicht als Papst den Mund verbrenne. Ich aber sage: *Adolphum rejicite, Sixtum recipite*. Vergeßt mein früheres Ego, ab sofort bin ich Sisto und wer weiß, was dem noch alles einfallen wird. Dann überreicht mir der Camerlengo* den Fischerring, und ich flüstere dem alten Herrn zu: Lassen Sie bitte noch zwei weitere anfertigen, möglichst rasch. Ich werde sie bald brauchen.

* Lat. *camerarius* (Kämmerer). Titel des Kardinalpräfekten der Apostolischen Kammer. Er ergreift nach dem Tod des Papstes Besitz von den päpstlichen Palästen, beaufsichtigt das Begräbnis und die Einberufung der Kardinäle zum Konklave für die Wahl eines neuen Papstes.

4

Schon habe ich meinen ersten Befehl erteilt. Mein Teufel reibt sich die Hände. Fortan bin ich der Chef. Die Firma hat sich nach meinem Willen zu richten. Jeder Besucher, den ich empfange, muß im Vatikanblatt abgedruckt werden. Meine Post wird vom Staatssekretariat erledigt, das sich auch um den diplomatischen Dienst kümmert, mit Vertretungen in hundertsoundsoviel Staaten. Neun Dikasterien* sorgen für einen beständigen Nachschub von Akten auf meinem Schreibtisch – Bischofsernennungen, Seligsprechungen, Universitätsgründungen. Meine Reden werden von Radio Vatikan in drei Dutzend Sprachen rund um die Uhr ausgestrahlt. Das Anlagevermögen der Firma, ein paar Milliarden Dollar werden es schon sein, ist in den Computern der Hausbank gespeichert, im Stockwerk unter meinen Amts-

* Auch Kongregationen genannt, entsprechen in etwa den Ministerien ziviler Verwaltungen.

räumen. Dort wird auch mein persönliches Konto geführt, wenn ich ein wenig Taschengeld brauchen sollte, für ein Paar Moreschi-Schuhe oder eine Cartier-Brille. Die Schweizergarde sorgt für meine Bewachung, ein Leibarzt für meine Gesundheit, ein Kammerdiener für meine Unterhosen. Täglich kommt eine Mappe mit den vorprogrammierten Audienzen auf den Tisch. Wenn ich sage, daß ich meine Ruhe haben möchte, fallen die Audienzen aus. Wenn ich keine Lust habe, Akten zu lesen, bleiben die Akten liegen. Wenn mir der Kardinalstaatssekretär unsympathisch sein sollte, lasse ich ihn warten.

Mein einziges Problem mit der Kurie wird mein schlechtes Namensgedächtnis sein. Ihr Gesicht kommt mir irgendwie bekannt vor, *caro mio,* werde ich sagen, wenn wieder ein Kurienkardinal zur Berichterstattung erscheint.

Ich bin der Präfekt der Kongregation für die Glaubenslehre, Eure Heiligkeit. Aber natürlich. Entschuldigen Sie meine Vergeßlichkeit. Möchten Sie einen Espresso? Mit oder ohne Milch?

Den Espresso mache ich lieber selber, auf einer Pavoni-Maschine. Zum Präfekten der Glaubenskongregation werde ich sagen: Besorgen Sie mir die besten Übersetzungen der Werke Ephräm des Syrers* ins Englische oder Deut-

* Kirchenschriftsteller (gest. 373).

sche und eine kommentierte Liste aller Fachleute, die über den Mann gearbeitet haben.

Das wird den Präfekten für eine Weile beschäftigen.

Die beiden zusätzlichen Fischerringe gehen an den Ökumenischen Patriarchen in Istanbul und den Erzbischof von Canterbury, mit freundlichen Empfehlungen. Die wöchentlichen General-Audienzen auf dem Petersplatz oder in der Nervi-Halle fallen bis auf weiteres aus. Auch in Castelgandolfo möchte der Heilige Vater keine Pilgerscharen segnen. Unermeßlich ist das Verehrungsbedürfnis des Menschen, und schwer aufzulösen sein Respekt vor den Großen der Welt. Sistosesto hat »Masse und Macht« von Elias Canetti gelesen. Er will sich davor schützen, die Menschen verachten zu müssen, weil etliche zehntausend von ihnen immer wieder unter den Fenstern seines Palastes darauf warten, daß er sich ihnen zeigt. Ab und zu nur, und niemals zur selben Zeit, wird er das berühmte Fenster aufmachen und auf den Petersplatz hinunterschauen. Dann werden die Leute zu winken anfangen, und er wird zurückwinken. Vielleicht holt er dann seine Brieftaube aus dem Käfig und läßt sie fliegen, nach Castelgandolfo. Die Taube kennt ihren Weg. Auf dem Zettel, den sie befördert, stehen ein paar freundliche Zeilen an die Dame, die dem Herzen des Heiligen Vaters nahesteht. Sie wohnt in Castelgandolfo, mit den Katzen, die Sistosesto zweimal täglich gefüttert hat, als er noch in Wien lebte. Zu Hunden hat Sistosesto kein besonderes nahes Verhältnis. Sie sind ihm zu laut.

Nach Castelgandolfo ist es nicht weit. Die Polizei fährt mit Blaulicht voraus, und wenn ich anhalten lasse, um eine Grappa zu trinken, gibt es eine kleine Turbulenz, wie sie die Italiener lieben. In Castelgandolfo schwimme ich eine halbe Stunde im päpstlichen Pool, gleich nach dem Aufstehen. Dann lasse ich mich zu den griechisch betenden Mönchen nach Grottaferrata hinüberfahren, um ihrer Liturgie beizuwohnen. Die dauert ein Weilchen, und bis ich wieder zurück bin, geht es gegen Mittag. Nach der Siesta muß ich dann, wenn es sich nicht vermeiden läßt, in die Firma, aber nur für zwei oder drei Stunden. Ronald Reagan hat auch nicht viel gearbeitet. Im Büro wartet mein Privatsekretär, ein amerikanischer Jesuit. Er hält den Laden in Schwung. Zu seiner Entlastung wird es bald eine Privatsekretärin geben, aus einem der zahlreichen Frauenorden. Wie viele Frauenorden es in der katholischen Kirche gibt, weiß nicht einmal der Papst.

5

Auf mein Briefpapier muß wie üblich ein Wappen kommen, mit einem Spruch. In das Wappen wünsche ich mir eine goldene Sonne und einen silbernen Mond, über blauem Wasser. Der Spruch lautet: *Solve et coagula*. Er ist einem alchemistischen Schmöker entnommen und soll an das Meisterstück erinnern, dessen Gelingen mir vorschwebt. Die Sache, um die es geht, muß zuerst einmal verflüssigt, aufgelöst werden, damit sie dann zu einer Gestalt finden kann, die vorher nicht möglich war.

Dieses Programm orientiert sich an der alten Methode, goldhaltiges Erz zu mahlen, zu schlämmen und mit Quecksilber zu verarbeiten, welches das Gold durch Amalgamierung bindet und schließlich nach Abdestillierung freigibt.

Löse Sonne und Mond in unserem freundlichen Wasser auf, heißt es im geheimen Buch des Artephius, damit sie gesünder, kräftiger, edler wiedererstehen.

Gemeint sind die beiden Geschlechter.

Der stärkste Widerstand gegen eine derartige Prozedur ist, fast hätte ich gesagt naturgemäß, vom männlichen Priestertum zu erwarten. Es ist so alt wie die Pyramiden, geht Hand in Hand mit dem sakralen Königtum, und seine Spuren finden sich rund um den Globus, in den fruchtbaren Klimazonen, wo nach dem Ende der letzten Eiszeit die bäuerlichen Zivilisationen aufkamen, entlang der großen Flüsse. Der katholische Papst, verantwortlich für eine Milliarde Seelen, stellt die derzeit machtvollste Repräsentanz solch unvordenklicher Ordnung der Dinge dar, als Pontifex Maximus, oberster Priester einer weltweiten Klerisei von 400 000 Mann, höchste Instanz in den Fragen des Glaubens und der Sitten seiner Kirche. Statthalter Christi auf Erden. Wenn er will, bringt er fünf Millionen Gläubige zu einem Gottesdienst auf die Beine, wie 1995 in Manila.

Aber selbst für einen derartigen Supermann ist es leichter, rund um den Erdball zu jetten, als in die Tiefen seiner eigenen Seele zu tauchen. Öfter als einmal träumt Sistosesto von einem großen See. Irgendwie hat er beim Schwimmen nicht darauf geachtet, wie weit er sich vom Ufer entfernt. Plötzlich, als ob er aufwachen würde, sieht er sich in der Nacht allein im Wasser, und in weiter Ferne leuchten einige Lichtlein vom festen Land herüber. Das ist die Angst vorm Versinken.

Unten wartet etwas, namenlos schrecklich. Wird der Mann es wagen, sich seine Bangigkeit einzugestehen? Sein Leben hängt am mütterlichen Prinzip. Wenn es gewollt hätte, wäre er abgetrieben worden. Nein, nein, schreien die Päpste, Abtreiben ist strengstens verboten!

Sistesesto ist im Bann einer Vierfaltigkeit aufgewachsen. Zwei Männer, Vater und Sohn, sitzen auf ihren Thronsesseln. Über ihnen schwebt eine weiße Taube. Unter ihnen kniet eine Frau, scheinbar ganz unterwürfig, und erwartet ihre Krönung zur Königin des Himmels.

Seit dem Jahr 1830 ist sie im katholischen Garten sehr aktiv geworden. Zuerst erschien sie in Paris der Bauerstochter Catherine Labouré, die den Schleier genommen hatte, und erteilte ihr den Auftrag, eine Medaille mit dem Bild der Vision prägen zu lassen, umrahmt von der Schrift: O Maria, ohne Sünde empfangen, bitte für uns, die wir zu dir unsere Zuflucht nehmen. Die Visionärin wurde von ihrem Beichtvater untersucht, und zwei Jahre später gab der Erzbischof von Paris die Erlaubnis zur Produktion der Amulette. Sie sind ein Dauerseller geworden. Seitdem sind Hunderte von Marienerscheinungen passiert – zwischen 1928 und 1975 allein 232 Darbietungen, wie der belgische Benediktiner Billet dokumentiert hat. Der Vatikan blieb äußerst vorsichtig. Nur in elf Fällen schloß er Betrug oder Geistesverwirrung aus, womit dann die Wallfahrt zu den entsprechenden Stätten der Manifestation amtlich approbiert war. Lourdes beispielsweise zählt jährlich drei Millionen Pilger und hält damit seit 1858 die Spitze.

Das Drehbuch, dem die Madonna in den letzten 150 Jahren folgt, ist bemerkenswert monoton. Im Gegensatz zur Tradition der Antike und des Mittelalters erscheint die heilige Jungfrau neuerdings ohne Kind, wirkt eher jugendlich, so um die fünfzehn Jahre, hat mitunter einen Rosenkranz in der Hand, ist in ein bis zum Boden reichendes Kleid von weißer Farbe ge-hüllt. Ihr Haar ist unter einem Kopftuch versteckt, das auch ihr Gesicht umrahmt. Nur ihre Füße sind nackt. Der Gesichtsausdruck wird als eher ernsthaft geschildert, ihre Stimme als angenehm weich. Sie vermag sich in vielen Sprachen auszudrücken und ermahnt die Menschen, ihre Lebensführung zu bessern. Mit Vorliebe wählt Maria für ihre Durchsagen ländliche und abgelegene Gegenden aus, mit Schafen und Kühen im Hintergrund. Zur Beglaubigung des Geschehens pflegen sich vielerlei Heilungswunder zu ereignen, die meisten davon psychomatisch bedingt, einige wenige allerdings spotten jeder Erklärung.

Die Päpste, so zurückhaltend sie sich gegenüber den Leidenschaften der Volksfrömmigkeit geben müssen, reagierten gleichwohl recht schnell auf die marianische Inflation. Bereits 1854 erklärte Pius IX. in einer Bulle, Maria sei bei ihrer Empfängnis von der Erbsünde bewahrt geblieben. Die Himmelfahrt Mariens, seit altersher am 15. August gefeiert, erfuhr 1950 durch Pius XII. ihre dogmatische Festlegung. Johannes Paul II. ließ unter sein Wappen das Motto »Totus tuus« setzen. Ganz der Deinige. Gemeint war die himmlische Frau. Solch vollständige Unterwerfung verrät heftige, wenngleich verdrängte Angstgefühle.

Sistosesto weiß, daß die Auflösung des heillos verpatzten Geschlechterverhältnisses nicht mit einer Enzyklika zu bewerkstelligen ist. Er sieht sich als Therapeut, der mit starken Widerständen konfrontiert ist, seine eigenen inbegriffen. Er muß zuhören können, zum Beispiel den Frauen, die das Priesteramt anstreben. Sistosesto hat sich gemerkt, was ihm während seiner Weihe zum Priester aufgetragen wurde: *Cognoscite quod agitis!* Begreift was ihr tut. Immer dann, wenn das Nachdenken unangenehm wird, will sich etwas Wichtiges verstecken. Es wehrt sich gegen seine Bewußtwerdung. Der Engel steht am Ufer, der Teufel ist untergetaucht. Er hängt an der Angelschnur. Die Zeit vergeht. Nichts gefangen, sagt Schimon Fels zum Herrn Jesus. Wird Sistosesto erfolgreicher sein?

Auch Schimon Fels, der erste Chef der Partie, hatte einen dunklen Zwilling, gleichfalls Schimon mit Namen, eine schwer verpönte Gestalt, die »der Magus« genannt wurde. Er habe zaubern können, hieß es von ihm, sogar in die Lüfte hätte er sich erhoben und sei über die Ewige Stadt geflogen, bis Schimon Fels den Herrn Jesus anrief, was den Absturz des gaukelhaften Schimon zur Folge hatte. Mit einer zweifelhaften Frauensperson sei der andere Schimon herumgezogen, die er in einem Bordell der Hafenstadt Tyrus aufgelesen habe, ein schönes Weib, eine Wiederverkörperung der verführerischen Helena, nur an der Lust interessiert, nicht am Kindersegen. Dem Schimon Fels habe Schimon Magus die Gnadengewalt abkaufen wollen, wurde erzählt, aber mit dieser Ruchlosigkeit sei er selbstverständlich abgeblitzt. So wurde der widerwärtige Schimon zur Verkörperung all der Teufeleien, mit denen das Papsttum hinfort zu kämpfen hatte, nicht immer ganz erfolgreich, wie man weiß. Erst in der Auseinandersetzung mit dem Luthertum war ein heiliger Ernst über die Päpste gekommen, die liederlichen Mädchen hatten keinen Zutritt mehr zum Apostolischen Palast, die Korruption der Kurie verschwand wie ein böses Gespenst aus dem Mittelalter.

Soll auf einmal der lasterhafte Schimon wiederum auftauchen, als Lustgreis auf Petris Stuhl, als Zyniker und Genußmensch, dem nichts heilig ist? Dem es nichts ausmacht, sich eine Päpstin im Petersdom vorzustellen, womöglich mit offenem Haar? Sistosesto muß an die Schriftstellerin George Sand denken, mit einem Blumengesteck in der Frisur, wie auf dem Gemälde von Auguste Charpentier aus dem Jahr 1838. Auch Frauen vermögen imponierend auszusehen und schön noch dazu. Nur sollen sie ja nicht meinen, mit Sistosesto einen trendigen Feministen auf ihrer Seite zu haben. Die Frau in Castelgandolfo, mit der er das Schlafzimmer teilt, würde ihn jedoch sicherlich auslachen, wenn er sich plötzlich als Frauenfreund aufspielen wollte.

Noch unbequemer als die Aufforderung zum Nachdenken ist der auf sie folgende Appell im Ritual der Priesterweihe: *Imitamini quod tractatis!* Lernen sollen die katholischen Priester, ihre kultischen Verrichtungen in ihre Lebensführung zu integrieren. Im Zentrum ihrer Gottesdienstlichkeit pulsiert das Wandlungsgeschehen der heiligen Messe, das Mysterium des Körpers und Blutes Christi unter den Gestalten von Brot und Wein. Gemeint ist die Bereitschaft zur Auflösung alles Festen. Alles was fest ist, tötet. Sistosesto hat Nietzsche gelesen, aber das behält er lieber für sich.

6

Zur Feier seiner Inthronisierung in Sankt Peter hat Sistosesto eine kurze Predigt gehalten, auf Latein. Sie fängt mit den Worten *Seminales rationes* an, was schwer zu übersetzen ist und eine Anspielung auf eine Dissertation enthält, die Sistosesto als junger Mann verfaßte, über einen philosophischen Begriff der Antike, den schöpferischen *Logos spermatikos*, der als Urkeim alles Werden vorantreibt. Im lateinischen Westen war es der heilige Augustinus gewesen, der den Terminus in das Grübeln über den Hervorgang der Welt aus dem Sinnen und Trachten Gottes eingebracht hatte.

Die wirkmächtigen Gedanken, so Sistosesto, die uns aus dem Schlaf der Vernunft wecken, sind noch nie auf Befehl gekommen. Sie stören die Gewohnheiten der Völker. Der heilige Thomas von Aquin, dem in unserer Catholica die höchste Ehrerbietung zuteil wird, mußte all seinen Mut zusammennehmen, als er einen vorchristlichen Denker* zum wichtigsten Lehrmeister seines Systems erhob. In den gegenwärtigen Zeiten, während die Menschheit ihre ersten Schritte in ein neues Jahrtausend setzt, könnte es eine französische Gymnasiallehrerin sein, in deren Schriften wir jene Inspiration finden, deren wir bedürfen.

Nach dieser Einleitung kommt ein Lebenslauf der Simone Weil (1903–1943), deren intellektuelle Brillanz den Zorn Leo Trotzkis hervorrief, obwohl die junge Frau sehr weit links von der Mitte agierte, bis sie dann ins katholische Magnetfeld geriet, angezogen durch die gregorianische Musik, bezaubert vom Poverello aus Assisi.

Dem Dominikanerpater Perrin, fährt Sistosesto fort, schrieb Simone Weil vor ihrer Abreise aus Frankreich, das sie wegen ihrer jüdischen Herkunft verlassen mußte, einen Brief über ihre Bedenken, sich taufen zu lassen. Die katholische Kirche, so hieß es in dem Schreiben, habe seit der Ausrottung der Albigenser in Europa ein System totalitärer Herrschaft errichtet; ohne Bereitschaft zu einer grundlegenden Veränderung sei sie für ein Wirken in der Gegenwart untauglich.

So mag es wohl sein, schließt Sistosesto seine Ansprache, wenn wir nicht wagen, dieser leisen

* Aristoteles (gest. 322 v. u.Z.).

und doch so gebieterischen Stimme zu lauschen. Möge sie uns behilflich sein, den heiligen Glauben von jenen Fesseln zu befreien, die er sich selbst angelegt hat.

Und damit basta. Die Latinisten des Vatikans, die für die Rohfassung des Textes etliche Überstunden einschieben mußten, sind von mehreren besonders eleganten Formulierungen überrascht, die nicht von ihnen stammen. Sie verdanken sich der Kompetenz eines Studienkollegen des Heiligen Vaters. In Graz läutet das Telefon, und schon funkeln ein paar Glanzlichter in dem matten Latein der Kurie.

Der Studienkollege hat ein Buch über die »heißen Eisen der Kirche« herausgegeben, mit 39 Artikeln von »Aggiornamento« bis »Zölibat«, verfaßt von Universitätslehrern aus Deutschland und Österreich, darunter eine Frau, die es nach Tokio verschlagen hat.

Ist das alles, was du zu sagen hast, fragt der Freund. Vorläufig ja, sage ich. Schließlich habe ich bereits etliche Bücher geschrieben.

Ein ermutigendes Wort an die fortschrittlichen Theologen und Theologinnen wäre trotzdem nicht schlecht.

Macht einen Kongreß über die aktuellen Fragen der Theologie, sage ich, und ich übernehme die Patronanz. Drei Tage in Rom, tausend handverlesene Fachleute aus der ganzen Welt, die üblichen Zwanzigminutenreferate in den Arbeitskreisen, an den Vormittagen die Grundsatzvorträge mit Plenardiskussion. Das müßte sich finanzieren lassen.

Du kümmerst dich um viele Dinge, redet Jesus dazwischen. Wirklich wichtig ist nur eine einzige Angelegenheit.

Welche?

Aber Jesus ist nicht mehr in der Leitung.

Die Redseligkeit seiner Vorgänger möchte sich Sistosesto jedenfalls nicht zum Vorbild nehmen. Es gibt Sätze, die gleichen dem zum Sprunge geduckten Löwen, heißt es in der chinesischen »Niederschrift von der Smaragdenen Felswand«. Wenn dem Papst ein einziger Satz dieser Art während meiner Amtszeit glücken sollte, kann er zufrieden sein. Die chinesischen Weisen, ob auf dem Weg des Buddha wandelnd oder noch älteren Lehren folgend, wollten die Errichtung von Literaturen tunlichst vermeiden. Ihre Bücher schrieben sie möglicherweise mit einem inneren Vorbehalt gegen die Macht von Texten. Je weniger jemand zu sagen hat, desto eher neigt er zum Wortreichtum. Der Herr Jesus, welchen der Papst auf Erden vertritt, brachte keine einzige Zeile zu Papier. In der Datenmasse des sogenannten Informationszeitalters ist Zurückhaltung geboten. Die Computer spucken auf Knopfdruck lange Papierschlangen mit alten Papstreden aus. In ihnen findet sich kein einziger Satz, der dem zum Sprung geduckten Löwen gleicht. Zu Ostern, zu Pfingsten und zu Weihnachten wird Sistosesto nicht umhin können, beim festlichen Pontifikalamt in der Peterskirche ein paar Worte zu verlieren. Nicht einmal dann, wenn der Dritte Weltkrieg ausbricht, muß er unbedingt seine Stimme erheben. Die Leute erwarten ohnehin, daß er für den Frieden ist.

Rege dich nicht über die Bösewichter auf, ereifere dich nicht gegen die Missetäter. Sistosesto hat diese Weisung im Ohr behalten, seit er als junger Geistlicher jede Woche alle 150 jüdischen Psalmen durchgenommen hat, aus seinem lateinischen Brevier in Ledereinband und Rotschnitt mit den schönen alten Gebeten und Lesungen, die er tagtäglich vor Augen hatte, leise die Lippen bewegend.

In den Radionachrichten und in den Zeitungen ist ununterbrochen von Ungutem die Rede, von Krisenherden, Abschlachtungen, Attentaten, Verbrechen, Hungerkatastrophen. Wenn es gar zu arg wird und irgendwo auf der Welt wieder einmal ein Bürgerkrieg losgeht oder ein Staatsoberhaupt erschossen wird, pflegen die Päpste ihrer Besorgnis Ausdruck zu verleihen, was überhaupt nichts nützt, aber es gehört zum guten Ton. Von den feierlichen Verfluchungen hochrangiger Schurken, wie im Mittelalter üblich, sind die Päpste abgekommen, was schade ist, wenn man an Hitler denkt. Ich stelle mir vor, wie ich im violetten Ornat auf dem Thronsessel in Sankt Peter sitze und die Bannbulle gegen eine bösartige Militärjunta verlese, woraufhin alle Kerzen gelöscht werden. Für das Fernsehen wäre das immerhin ein schöner Augenblick. Vielleicht bietet sich einmal die Gelegenheit dazu.

Ansonsten wird sich Sistosesto an den Rat halten, den er sich gemerkt hat. Er steht im Psalm 37, wo auch gesagt wird, daß Gott über alle Schandbuben lachen muß. Bald vertrocknen sie wie das Gras im Herbst, ihr Schwert dringt ihnen ins eigene Herz, ihr Bogen zerbricht.

Am Aschermittwoch und zu Allerseelen, wenn der Vergänglichkeit gedacht wird und die Toten ein wenig herumflattern dürfen, möchte Sistosesto etliche Spitzenkräfte der internationalen Schriftstellerei im Petersdom zu Wort kommen lassen, besonders solche, denen von irgendwelchen Finsterlingen das Handwerk gelegt wurde. Die Liste der Themen, die sich dabei anbieten, ist sicherlich lang. Mein Engel nickt traurig, was ihm besonders gut steht.

7

Jeden Sonntag nachmittag sitzt Sistosesto mit einem prominenten Pensionisten beim Tee. Er lebt diskret bewacht in Castelgandolfo, betreut von seiner Schwester, und weiß nur in seltenen lichten Momenten, wer er ist. Der Lateinamerikaner, dem Sistosesto seine Ernennung zum Kardinal verdankt, leidet an der Alzheimerschen Krankheit.

Er kann sich nicht mehr daran erinnern, daß er aus Verehrung für seinen Mitbruder Paulo Evaristo Arns von Sao Paulo den Namen Evaristus II. angenommen hat. Daß unter seinem Pontifikat der Zölibat gefallen ist, durch die Zulassung verheirateter Männer zur Priesterweihe. Daß er gesagt hat, nur den Armen zeige die Welt ihr wahres Gesicht, und wenn die Kirche nicht zu einer Kirche der Armen werde, dann könne sie ruhig verschwinden.

Ja, mein Teufel, das hast du ungern gehört. Du weißt genau, wie der Papst aus Lateinamerika mitten in einer feierlichen Zeremonie plötzlich seine Mitra vom Kopf gewischt hat, um sich mit beiden Händen an die Schläfen zu fassen. Wie er zu Ostern, vor dem Segen *Urbi et Orbi*, der ganzen Menschheit ein gesegnetes Weihnachtsfest gewünscht hat.

Dann die vergebliche Suche der Kurialen nach einer Prozedur, einen schwachsinnig werdenden Papst irgendwo aus dem Verkehr zu ziehen, während die Zeitungen die Geistesverwirrung Papst Urban VI. am Ende des 14. Jahrhunderts und das dadurch ausgelöste Große Abendländische Schisma ausgruben, jene schrecklichen vierzig Jahre, als der Stuhl Petri doppelt, ja sogar dreifach besetzt war.

Schließlich die wochenlangen Debatten der Kardinäle, nach Anhörung der Ärzte, ob ein Papst für abgesetzt erklärt werden darf und von wem, das Zusammentreten sämtlicher Bischöfe in Rom, die Verfahrensfragen um die Abstimmungsmodalitäten, endlich die Zweidrittelmehrheit: Der Heilige Stuhl hat ab sofort für unbesetzt zu gelten, das Konklave für die Wahl des nächsten Papstes tritt unverzüglich zusammen.

Eine merkwürdige Situation. Vielleicht ist es kein Zufall, daß die Prophezeiung des Malachias nicht sehr viel weiter als bis zum Jahr 2000 zu blicken vermochte. Sistosesto hat sich mit ihr eingehend beschäftigt. Daß sie nicht vom irischen Malachias stammen kann, steht mittlerweile fest.

Eher ist daran zu denken, daß sie um 1590 herum in Rom konzipiert wurde, in zwei Arbeitsgängen. Ihr Kern, die hellsichtige Signatur der vierzig Pontifikate von Gregor XIII. (1572–1585) bis zu Johannes Paul II. und seinem Nachfolger, dem Olivenbaum, könnte vom heiligen Filippo Neri (1515–1595) stammen, einem liebenswerten Exzentriker und Visionär, der nicht selten beim Beten die Bodenhaftung verlor. Nach der Fertigstellung dieser Signaturen wäre dann ein Kirchengeschichtler aus Neris Umgebung auf die Idee gekommen, ihnen weitere 71 Sinnsprüche voranzustellen, bezogen auf die Papstreihe von Cölestin II. (1143–1144) bis Pius V. (1566–1572), was weiter nicht schwer war, mit Hilfe der 1557 erschienenen »Epitome vitarum Romanorum Pontificum« des Onofrio Panvinio, worin die Wappen und Lebensgänge der verblichenen Päpste säuberlich zusammengetragen waren.

Die Spruchsammlung wurde gern konsultiert. Nicht die Autorität des Malachias machte sie berühmt. Von ihm war lediglich zu erfahren, daß er über die Gabe der Voraussicht kommender Dinge verfügte. Vielmehr war es das Aufblitzen einer merkwürdigen Treffsicherheit, mit dem die dunklen Devisen für den amtierenden Papst gelegentlich von sich reden machten. Als Pius VI. im Jahr 1782 den Entschluß faßte, zum Kaiser nach Wien zu reisen, bekam die für diesen Papst reservierte Signatur *Peregrinus apostolicus* (apostolischer Pilger) plötzlich einen höchst aktuellen Sinn. Und noch mehr war man verdutzt, als die Franzosen den alten Herrn prompt entführten, nach der Einnahme Roms durch die Truppen Bonapartes.

Für den März 1939, als Pius XII. sein Amt antrat, ein halbes Jahr vor dem Ausbruch des Zweiten Weltkriegs, hielt die Malachias-Liste ein bedeutungsschwangeres Motto parat: *Pastor angelicus*. Bereits im Mittelalter hatte sich die Christenheit jenen Engelpapst gewünscht, enthoben den Ränken der Welt, der das Tor zu einem neuen Zeitalter aufstoßen würde, unter dem Donner des Zusammenbruchs alles Gestrigen. Nach Auschwitz und Hiroshima wirkte die Zuschreibung stark überzogen. Seit dem Tod Pius XII. im Jahr 1958 ist es um die Sprüche des Malachias ziemlich still geworden.

Von 1958 bis 1963 regierte Johannes XXIII. und berief das Zweite Vatikanische Konzil nach Rom, das von 1962 bis 1965 tagte. Die lateinische Messe wurde abgeschafft, der Antisemitismus beklagt, das Recht auf Religionsfreiheit eingeschärft. In den Zeitungen stand zu lesen, wie modern die katholische Kirche auf einmal geworden sei. Viele Priester träumten davon, ihre Freundinnen bald zum Traualtar führen zu dürfen.

Während einer Sitzungspause im Herbst 1963 beschlossen zwei Prälaten, Frantisek Tomášek aus Prag und Karol Wojtyla aus Krakau, dem Kapuzinerpater Pio in Apulien einen Besuch zu machen. Der begnadete Mann, von dem zahlreiche Wundergeschichten erzählt wurden, trug die Wunden des Gekreuzigten an seinem Leib. Als er den Weihbischof aus Polen erblickte, kam eine Eingebung über ihn. In fünfzehn Jahren wirst du Papst sein, sagte der Stigmatisierte zu Wojtyla. Und: Ich sehe Blut.

Weder von seiner Wahl zum Papst noch von dem Attentat auf sein Leben konnte der Krakauer nach dieser Weissagung ernstlich überrascht werden. Im Grunde ihres Herzens sind Kardinäle und Päpste wunderselige Kinder geblieben. Ich auch. Mein Geburtstag am 13. Mai 1930, genau dreizehn Jahre nach der ersten Erscheinung der Muttergottes im portugiesischen Fatima, könnte etwas zu bedeuten haben.

Auch der Geburtstag Wojtylas am 18. Mai 1920 hatte etwas zu bedeuten. An diesem Tag wurde in Australien, in Teilen des Indischen Ozeans und südlich von Afrika eine Sonnenfinsternis beobachtet. In den Prophezeiungen des Malachias kommt Wojtyla als »De labore solis« vor. *Labor solis* läßt sich mit Sonnenfinsternis übersetzen.

Und schließlich eben der arme Olivenbaum, der ins Leere blickt, während Sistosesto ihm Tee eingießt. Dann verabschiedet man sich, und Evaristus II. sagt leise: Ich möchte nach Hause.

8

Seit der Inthronisierung von Sistosesto muß der päpstliche Zeremonienmeister mit einem vertrackten Problem leben. Der Chef ist ordinierter Priester. Bei seiner Ernennung zum Kardinal hat niemand daran gedacht, ihm die Bischofsweihe zu erteilen, und nach seiner Wahl zum Papst ließ er wissen, daß er als Nachfolger des heiligen Petrus ohnehin über alle nötigen Befugnisse verfüge.

Nehmen wir einmal an, sagt der Zeremonienmeister zum Präfekten der Glaubenskongregation, Seine Heiligkeit wird gebeten, eine Priesterweihe vorzunehmen. Laut Kirchenrecht dürfen nur geweihte Bischöfe diese Funktion ausüben. Was sollen wir in diesem Fall machen? Streng genommen dürfte er bei den liturgischen Funktionen nicht einmal die Mitra tragen!

Andererseits, erwidert der Präfekt, hat man von einer sublimen Dialektik gesprochen, die im Verhältnis zwischen päpstlicher und bischöflicher Gewalt waltet.

Davon habe ich nichts, sagt der Zeremonienmeister.

Ich bin kein Kirchenhistoriker, bemerkt der Präfekt. Soviel ich weiß, waren alle Päpste der letzten Jahrhunderte bereits Bischöfe, als sie gewählt wurden.

Eben!

Vielleicht sollte man ein paar theologische Gutachten einholen.

Das dauert mir viel zu lange, sagt der Zeremonienmeister. Ich muß wissen, ob ich dem Papst beim Pontifikalamt die Mitra aufsetzen darf.

Der Zeremoniar, ein hochrangiger Prälat, hängt am Hergebrachten, was ihm niemand verdenken wird. Zu seinem heimlichen Kummer haben die letzten Päpste einen gewissen Hang zur Schlichtheit erkennen lassen. Das fing bereits mit Pius XII. an, der die langen Schleppen der Kardinäle stutzen ließ, bis sie schlußendlich verschwanden. Paul VI. schaffte den höfischen Prunk der Capella Pontificia ab, mitsamt der prächtigen Wedel neben dem Baldachin, unter dem der Papst auf dem Tragsessel in den Petersdom einzog. Auch die kostbare Tiara, geschmückt mit drei Kronreifen, legte Paul VI. ab, woraufhin seine Nachfolger ebenfalls auf sie verzichteten. Längst war der Fußkuß in Vergessenheit geraten, den sogar die Kardinäle zu leisten hatten.

Von Sistosesto erwartet der Zeremoniar nichts Gutes. Der neue Papst steht nicht eben im Ruf eines konservativen Kirchenmannes, und es spricht sich rasch herum, daß er den weißen Talar, der ihm nach seiner Wahl gebracht wurde, eher mißmutig musterte, mit der Bemerkung, so wolle er auf die Dauer nicht herumlaufen.

Immerhin hat sich Sistosesto widerspruchslos zu seiner Inthronisierung in die Peterskirche tragen lassen und auch sonst allen Anweisungen des Zeremoniars Folge geleistet, ohne aufzumucken. Lediglich die Mitra war abgelehnt worden.

Trotzdem läßt der Zeremoniar, zur Besorgnis seiner Haushälterin, immer wieder das halbe Essen stehen. Die Frage nach der Mitra bleibt offen.

Dann kommt der Tag, an dem der Zeremoniar zum Papst gebeten wird, um ihm sämtliche Paramente und heiligen Gerätschaften zu zeigen, die für die päpstlichen Funktionen zur Verfügung gehalten werden.

Eine Sonderführung?

Jawohl, mein Lieber, und besonders die alten Stücke aus Ihrer Sammlung möchte ich sehen. Das kirchliche Kunsthandwerk neigt neuerdings zum Edelkitsch.

Bei dieser Gelegenheit darf ich daran erinnern, daß Eure Heiligkeit nicht zum Bischof geweiht worden sind.

Das lassen Sie ruhig meine Sorge sein.

Aber die Mitra!

Die hat mir ohnehin nie gefallen. Wie wäre es, wenn wir wieder auf das *camelaucum* zurückgreifen würden?

Jetzt ist der Zeremoniar perplex. Wie bitte?

Die Kronkappe, die Papst Constantinus I. gelegentlich seines Besuchs beim oströmischen Kaiser trug, Anno 710. Man müßte versuchen, alle Darstellungen der frühmittelalterlichen Päpste durchzusehen, damit man sich ein Bild machen kann.

Das übersteigt meine Kompetenzen, Heiligkeit!

Keine Sorge, lieber Freund. Soviel ich weiß, gibt es päpstliche Kommissionen für Geschichtswissenschaften, sakrale Kunst und Archäologie. Die sollen sich die Köpfe zerbrechen. Ist Ihnen übrigens bekannt, wer den weißen Talar für die Päpste eingeführt hat?

Nicht im Augenblick.

Das war vor gut vierhundert Jahren, unter Pius V. Ich mag ihn nicht besonders, aber das steht auf einem anderen Blatt. In der letzten Zeit sind ein paar Sachen passiert, die sich mit der Farbe der Unschuld nicht gut vertragen. Wer wie ich aus Österreich kommt, hat für solche Dinge ein gewisses Gespür. Hitlers Geburtsort liegt in Österreich, wenn auch an der Grenze zu Deutschland, wie Sie vielleicht wissen.

Zum Antrittsbesuch beim italienischen Staatspräsidenten erscheint Sistosesto, sehr zur Freude der Fotoreporter, in einem sandfarbenen Talar, ohne Brustkreuz. Vom Pressesprecher des Vatikans ist zu erfahren, daß Seine Heiligkeit die Farbe der Wüste gewählt habe, um an den Ursprung der drei Abrahamsreligionen zu erinnern. Auf das Brustkreuz wäre verzichtet worden, um den Tod Gottes nicht mit einem Schmuckstück zu verwechseln.

Haben Sie Tod Gottes gesagt, fragt eine Journalistin.

Warum nicht?

Weil das so klingt, als ob die Atheisten recht hätten.

Die Theologie Seiner Heiligkeit orientiert sich an der liturgischen Stille des Karsamstags, sagt der Pressesprecher. Das kann an einigen Stellen der Publikationen nachgelesen werden, die der Papst vor seiner Wahl verfaßt hat.

Und was heißt das genau?

Daß eine der heutigen Zeit entsprechende Spiritualität die Mitte zwischen Karfreitag und Ostersonntag zu halten hat.

Glaubt der Papst nicht an die Auferstehung?

Fragen nach persönlichen Überzeugungen

hält der Heilige Vater für einen Rückfall in die Zeit der Inquisition.

Auf Einladung des Vatikans studieren inzwischen prominente Modeschöpfer, Farbpsychologen und Experten für die Geschichte der Kleidung die Kopfbedeckungen der Päpste auf den vielen Gemälden, Buchmalereien, Fresken, Zeichnungen und Stichen, die im Lauf der letzten tausend Jahre zusammengekommen sind. Immer wieder taucht dabei eine Mütze auf, manchmal die Ohren bedeckend, im Winter mit Hermelin verbrämt, aus weichem Stoff, in roter oder purpurvioletter Farbe. Genannt wurde sie Camauro (vom lateinischen *camelaucum*), was ins Griechische weist. Bis heute wird die Kopfzier der griechisch betenden Geistlichkeit *kamelaukion* genannt, weil sie ursprünglich aus Kamelhaar angefertigt wurde. Ein alter Hut also, und getragen wurde er in entsprechend aufgeputzter Form von Kaisern und hohen Beamten des römischen Imperiums, später dann auch von der christlichen Klerisei der oberen Ränge.

Und die Mitra, beziehungsweise die Tiara?

Mit Sicherheit kann lediglich gesagt werden, belehrt Sistosesto den Zeremoniar, daß alle die alten Hüte im Hofzeremoniell Persiens ihre Heimat haben könnten, etliche Jahrhunderte vor Christi Geburt. Mitra und Tiara lassen wir jedenfalls verschwinden.

Moment, Heiligkeit bringen den liturgischen und den außerliturgischen Gebrauch durcheinander. Die Mitra ist ein liturgisches Stück, Tiara und Camauro nicht. Sie dienen, wie ich inzwischen genau weiß, lediglich der Repräsentation.

Da könnten Sie recht haben.

Wenn Heiligkeit zu Audienzen und Ähnlichen Gelegenheiten den Camauro wiederum aufleben lassen wollen, geht mich das nichts an, sagt der Zeremoniar. Dafür ist das Protokoll zuständig. Für mich bleibt die Frage, was Heiligkeit beim Gottesdienst aufsetzen werden.

Gar nichts zum Beispiel.

Nicht einmal den Pileolus*?

Der hat sich aus dem Camauro entwickelt, mein Lieber. Ich habe mich informiert. Und wenn das so ist, kann ich den Camauro auch in der Peterskirche tragen. Was sagen Sie jetzt?

Die halbe Menschheit ist am Verhungern, wird in der Kurie kolportiert, und der Papst hat nichts Gescheiteres zu tun, als sich um seine Kopfbedeckung zu kümmern. Aber Sistosesto weiß, daß die hungrigen Mägen vor den bewegten Bilderchen knurren, in allen Slums der Erde, wo die Fernsehantennen aus den Blechhütten ragen. Es ist überhaupt nicht egal, wie der Papst auf den Bilderchen aussieht. Die Bil-

* Scheitelkäppchen

derchen haben ihre eigene Wahrheit, die geht direkt ins Gehirn. Das ist ein eher teuflischer Sachverhalt, und eben deshalb soll die Kopfbedeckung des Papstes keine falschen Eindrücke vermitteln, nicht wahr, mein Engel?

Sistosesto trägt hinfort, außer beim Schwimmen, in der Regel eine ähnliche Kappe wie Papst Innozenz X. auf dem berühmten Gemälde von Diego Velázquez aus dem Jahr 1650, allerdings in den wechselnden liturgischen Farben des Kirchenjahres violett, weiß, rot, grün. In der Peterskirche wird sie ihm unmittelbar vor der heiligen Wandlung weggenommen, nach altem Brauch, so wie es sich gehört. Der Zeremonienmeister läßt sich das Essen wieder schmecken.

In der theologischen Fachwelt ist der Verzicht auf die Mitra keineswegs als Schrulligkeit aufgefaßt worden, sondern als diskretes Signal. Das Verhältnis des Papstes zum katholischen Episkopat ist von zwei Voraussetzungen diktiert, die das Gefüge bestimmen: Erstens darf es keinen Papst geben, der den gesamten Episkopat exkommuniziert, weil dann nur noch von einer römischen, aber nicht mehr von einer katholischen (= allgemeinen) Kirche gesprochen werden könnte. Zweitens sollte der Episkopat nicht den Papst exkommunizieren, weil dann der katholischen Kirche das Zentrum genommen würde. Papsttum und Episkopat bleiben aufeinander angewiesen, sie sind ineinander verschränkt, wie es der bekannte Theologe Karl Rahner ausgedrückt hat. In der Praxis allerdings hören die katholischen Bischöfe auf das Kommando Roms, wenngleich zunehmend widerwillig. Das war nicht immer so. Besonders in den eher dunklen Jahrhunderten der Völkerwanderungszeit hatten die Päpste nicht viel zu plaudern, mußten sie das Protokoll ihrer Wahl dem Kaiser in Byzanz zur Genehmigung schicken und blieben mit ihrem Einfluß auf Mittelitalien beschränkt, während die Landeskirchen in Spanien oder Frankreich sich von Rom nichts dreinreden ließen. In Rom selbst ging es nicht selten drunter und drüber, mit schlimmen Ausschreitungen diverser Parteiungen, wobei es vorkam, daß ein toter Papst aus dem Grab geholt, als verwesende Leiche auf den Thron gesetzt und nach dreitägigem Prozeß in den Tiber geworfen wurde. Ein anderer Papst mußte seine feierliche Verurteilung wegen Häresie durch ein Allgemeines Konzil hinnehmen, im Jahr 681.

Den entscheidenden Zuwachs an Prestige erfuhren die Päpste in der katholischen Welt erst ab 1870, nach der Einnahme Roms durch die Truppen des frischgebackenen Königreichs Italien. Das Schmollen der Päpste als im Vatikan »Gefangene« brachte ihnen die Sympathien der katholischen Massen und damit jene innerkirchliche Übermacht gegenüber den Bischöfen der Landeskirchen, die hinfort als Puppen an den Schnüren der Kurie zappelten.

Ist es dir recht, mein Engel, wenn ich Sistosesto zu einem schwachen Papst werden lasse? Oder bist du ein Teufel, der die heilige Kirche zersplittern möchte? Kaum lassen wir die Zügel schleifen, drücken die nordamerikanischen Bischöfe womöglich die Augen zu, wenn homosexuelle junge Männer zur Priesterweihe gelangen. Oder der afrikanische Episkopat erklärt den Ehestand eines Mannes mit mehreren Frauen für unbedenklich.

Wenn die Kirche wegen solcher Nebensächlichkeiten aus dem Leim geht, bemerkt der Teufel, dann ist ihr nicht mehr zu helfen. Außerdem stehen die Bischöfe angeblich ebenso unter der Patronanz desjenigen – hier räuspert sich der Teufel –, welcher auch dem Papst seinen sogenannten Primat zusichert!

Warum berufen Heiligkeit nicht eine Bischofssynode ein, sagt der Präfekt der Glaubenskongregation, um das Verhältnis zwischen Primat und Episkopat diskutieren zu lassen?

Das ist bereits 1969 passiert, meint Sistosesto, und herausgekommen ist wenig dabei. Haben Sie inzwischen geklärt, ob ich Priester oder sogar Bischöfe weihen darf?

Die Angelegenheit wird sorgfältig geprüft, sagt der Präfekt.

Vergessen Sie mir nicht Ephräm den Syrer, mein Lieber!

Damit ist der Präfekt wieder einmal verabschiedet.

9

Den Söhnen und Töchtern des heiligen Franz von Assisi fühlt sich Sistosesto irgendwie verbunden, weil er ein Buch über den Poverello geschrieben hat. Würden Sie mir erlauben, fragt er die Generalminister der Franziskaner und der Minoriten, ab und zu in den Habit Ihrer Orden zu schlüpfen?

Das wäre eine große Ehre.

Manchmal habe ich Lust, gesteht Sistosesto, inkognito in Rom herumzulaufen, alte Kirchen zu besuchen und ein Glas Wein zu trinken. Als Franziskaner oder Minorit falle ich sicher nicht weiter auf, wenn ich mir eine Sonnenbrille aufsetze.

Das könnte aber gefährlich sein!

Die Leibwächter werden mich schon beschützen. Und die Kapuziner sollen bitte nicht böse sein, daß ich ihre Tracht nicht nehmen kann. Einen Bart möchte ich mir nicht wachsen lassen.

Durch eine Tür, die stets verschlossen gehalten und von einem Schweizergardisten bewacht wird, kann der Papst von seiner Wohnung im Apostolischen Palast ohne weiteres in die Vatikanischen Museen gelangen und sich unter die Touristen mischen. Dann plaudert er mit deutschen Klosterfrauen, amerikanischen Geschäftsleuten, japanischen Mädchen. Alle sind ärgerlich, daß der Papst keine General-Audienzen gibt.

Vielleicht hat er Angst, daß er angeschossen wird, sagt eine Besucherin aus Australien.

Aber wo, sagt ein Herr aus der Schweiz. Der läßt es sich lieber bei seiner Lebensgefährtin in Castelgandolfo gut gehen. Ein Skandal!

Wir müssen sehr viel für den Heiligen Vater beten, sagt eine Lehrerin aus Dublin.

Auch unser Tenno zeigt sich fast nie in der Öffentlichkeit, sagt ein alter Japaner. Für die Herrscher des Himmels schickt es sich nicht, wie gewöhnliche Menschen aufzutreten.

Wozu habe ich mir eigens ein Teleobjektiv gekauft, sagt ein Student aus Texas.

Vom Ausgang der Vatikanischen Museen wandert Sistosesto mit den beiden Leibwächtern, die sich als Touristen verkleidet haben, in Richtung Untergrundbahn. Er möchte zur Kirche des heiligen Alessio auf dem Aventin fahren. Umsteigen im Bahnhof Termini. Hoffentlich läßt man uns hinein, sagt Sistosesto zu seinem Privatsekretär, der auch mitgekommen ist.

Die Dominikaner von Santa Sabina sind informiert, sagt der Privatsekretär.

Am heiligen Alessio ist Sistosesto seit langem interessiert. Die Kunde vom merkwürdigen Leben dieses Menschen kam durch den Erzbischof Sergius von Damaskus, den die Muslime verbannt hatten, im Jahr 977 nach Rom, wo er vom Papst die Kirche des heiligen Bonifatius zugewiesen erhielt, auf dem Aventin. Zweihundert Jahre später leierten die Bänkelsänger in ganz Europa das Lied von Alessio an den Straßenecken herunter, in altfranzösischen, mittelenglischen, spanischen, mittelhochdeutschen Fassungen, verfaßt von den berühmtesten Poeten der damaligen Zeit. In Rom habe einst ein angesehener und gottesfürchtiger Senator gelebt, hieß es in dem Lied, dem erst nach vielen Tränen und Gebeten ein Sohn geschenkt wurde. Der zeigte keinen Gefallen an den Zerstreuungen des Knabenlebens, hielt sich am liebsten in Kirchen auf und schlug als Jüngling stets die Augen nieder, sobald er in der Nähe einer Frau kam. In der Nacht nach seiner Eheschließung, die der Vater angeordnet hatte, sprach er zu seiner Angetrauten ein ernstes Wort, verschwand aus dem Haus, sprang auf das erste Schiff, das im Hafen von Ostia eben die Anker lichtete, und landete in der syrischen

Stadt Edessa, wo er unerkannt unter den Bettlern lebte. Nach siebzehnjähriger Abwesenheit kehrte er nach Rom zurück, bat im Palast seines Vaters um Obdach und lebte dort unerkannt noch eine Zeit unter der Treppe, wo die Abfälle ausgeleert wurden. Als er sein Ende nahe fühlte, bat er um Schreibzeug, das dann auch in der Hand des Toten gefunden wurde. Dem Vater gelang es nicht, den Griff des Leichnams zu lockern, und erst der Papst durfte das Täfelchen an sich nehmen, auf dem alles notiert war.

Besonders gern hat Sistosesto die Kurzfassung der Legende im Martyriologium Romanum: Wie ein Fremder hat er in seinem Vaterhaus gelebt und damit die Welt zum Narren gehalten.

Nach der Besichtigung von Sant'Alessio, wo die berühmte Holztreppe noch zu sehen ist, unter welcher der fromme Mann seine letzten Jahre verbrachte, sitzt Sistosesto noch ein wenig mit den Dominikanern des Klosters von Santa Sabina zusammen, in der unmittelbaren Nachbarschaft des Alessio-Heiligtums.

Wollt ihr auch alle heiraten, fragt Sistosesto die Patres. Mit mir könnt ihr offen sprechen.

Ein paar von uns haben Freundinnen, gesteht der Prior. Außerdem haben wir Nachwuchsprobleme, fügt der Generalmagister des Ordens hinzu, der auch erschienen ist.

Die Geschichte des heiligen Alessio, bemerkt Sistosesto, läßt sich bis in das fünfte Jahrhundert zurückverfolgen. Sie geht mir deswegen nahe, weil sie mit dem Prinzip der Blutverwandtschaft bricht.

Das ist uns bekannt, sagen die Dominikaner.

Nicht ob wir ein Geschlechtsleben haben oder nicht, meint Sistosesto, ist hier die Frage, sondern ob es von der Gemeinschaft, mit der wir Gottesdienst feiern, in der jeweils gewählten Form akzeptiert wird. Offensichtlich werden die außerehelichen Beziehungen mancher Patres vom Konvent hingenommen.

Mehr oder weniger.

Offen oder heimlich?

Sollen wir unsere Patres mit dem Kinderwagen einkaufen schicken?

Die Frauen, mit denen sie sich einlassen, sollten jedenfalls nicht gedemütigt werden. Im übrigen kommt es mir komisch vor, daß jeder Kuß gleich zum Traualtar führen muß.

Wenn Sie das in eine Enzyklika hineinschreiben, Heiliger Vater, ist die Hölle los.

Ich möchte keine Enzykliken schreiben, sagt Sistosesto. Ihr seid alt genug, um selber nachzudenken. Und jetzt muß ich in den Vatikan zurück. Morgen kommt der Präsident der USA zu mir. Ich werde ihm einen Rosenkranz schenken.

Die paar Schritte von dem Dominikanern zu uns hätte er schon machen können, beschweren sich die Malteser-Ritter, und die nahegelegenen Benediktiner von Sant'Anselmo sind ebenfalls gekränkt. Wenn ich jedem Kloster in Rom einen Besuch abstatte, sagt Sistosesto zum Privatsekretär, dann bin ich für die nächsten Jahre ausgelastet.

Auch das Opus Dei hat schon ein paar Mal angerufen, sagt der Privatsekretär.

Lieber hätte ich mir die Futuristen in der Galleria d'Arte Moderna angeschaut, sagt Sistosesto.

Im Klerus von Rom ist Ihr kleiner Ausflug bereits Tagesgespräch, sagt der Privatsekretär. Es kann nicht lange dauern, bis die Geschichte in die Zeitungen kommt.

Und wenn schon.

Dann laufen die Fotoreporter jedem älteren Franziskaner mit Sonnenbrille nach.

Was wäre, wenn ich ab und zu eine Sprechstunde halte, in irgendeiner Pfarre. Wir sagen uns eine Stunde vor Gottesdienstbeginn an, und nachher können die Leute mit mir reden, wenn sie möchten.

Das kann ja lustig werden, sagt der Privatsekretär.

In Rom gehen lediglich drei von hundert getauften Katholiken am Sonntag in die Kirche.

Das ist die *religio depopulata,* wie es in der Malachias-Prophetie heißt. Die Religion leidet unter Bevölkerungsschwund. Die Samstagabendmesse im Trastevere ist trotzdem ganz gut besucht, Sistosesto wohnt ihr bei, auf einem Sessel im Altarraum, den der überraschte Pfarrer schnell hat aufstellen lassen. Auch der Kardinalvikar, der den Papst als Bischof von Rom vertritt, hat irgendwie Platz gefunden. Der Heilige Vater, sagt er am Beginn, hat sich bewogen gefühlt, dieser Pfarre einen Besuch abzustatten, um sich über die Sorgen und Probleme der römischen Gläubigen zu informieren. Nach der heiligen Messe ist er bereit, Fragen und Wünsche anzuhören.

Die erste Wortmeldung kommt von einer älteren Signora. In der Zeitung ist gestanden, daß Sie Katzen mögen, Heiliger Vater. Weil ich auch eine Katze habe, möchte ich wissen, ob sie in den Himmel kommt.

Nur wenn sie verspricht, sagt Sistosesto, keine Mäuse zu fangen.

Damit ist das Eis gebrochen. Sistosesto muß erzählen, was er gerne ißt, was er den ganzen Tag macht, welche Filmschauspielerinnen ihm am besten gefallen. Zwischendurch beklagt sich ein Mann über seine einzige Tochter, die unbedingt ins Kloster gehen will. Das schönste Mädchen hier im Bezirk, und hat nichts Besseres zu tun, als sich lebendig zu begraben!

Vielleicht ist sie unglücklich verliebt.

Davon hat sie nichts gesagt.

Und so weiter. Auch der Pfarrer hat eine Frage. Weil die Scheidungen immer häufiger werden, müßte er streng genommen all denen, die ein zweites Mal heiraten, die Kommunion verweigern. Soviel mir bekannt ist, sagt Sistosesto, haben die nordamerikanischen Bischöfe bereits vor etlicher Zeit eine vernünftige Stellungnahme zu dieser Frage erarbeitet. Außerdem wissen die meisten Pfarrer ohnehin, was sie zu tun haben. Kommet zu mir, die ihr mühselig und beladen seid, hat Christus gesagt, und ich will euch erquicken.

In Trastevere gibt es vorzügliche Gaststätten. Der Pfarrer wird schon wissen, wo man gut ißt. Schließlich landet die Gesellschaft im Hinterzimmer eines Lokals, das nicht einmal der Kardinalvikar kennt. Auch die Haushälterin des Pfarrers ist eingeladen worden und darf neben dem Papst sitzen. Die Leibwächter behalten die Eingangstür im Auge, vor der sich eine kleine Menschenmenge staut.

Wir sollten um halb zwölf zurück sein, sagt der Privatsekretär.

Uns werden sie auch nach der Sperrstunde hineinlassen, sagt Sistosesto.

In seinen Distanzen erstarrt und verdüstert der Mensch, schrieb Elias Canetti. Selbstverständlich sind die Versuche von Sistosesto, sich ab und zu von den Distanzlasten zu befreien, die sein hohes Amt ihm auferlegt, keine Lösung des Problems. Auch seine Vorgänger, jedenfalls in der letzten Zeit, haben gelegentlich ein Bad in der Menge genommen, kleine Kinder hochgehoben, freundlich gewinkt. Entgegenkommend im Auftreten, fest im Prinzipiellen. Der 1993 veröffentlichte »Katechismus der Katholischen Kirche« liest sich wie eine Kanonade prinzipieller Sätze, die für die Ewigkeit geschrieben sind. Mit ihnen distanziert sich der Glaube vom Leichtsinn des Genußmenschentums, der Hartherzigkeit des Geschäftslebens, dem Übermut der Naturbeherrschung. Nur als netten Onkel möchte ich Sistosesto nicht haben, mein Engel. Siehst du nicht selber so streng wie ein ägyptischer Totenrichter drein, wenn du ärgerlich bist? Wie der zornige Christus in der Sixtinischen Kapelle? Hinweg von mir, ihr Verfluchten, in das ewige Feuer der Hölle. Ist nicht mein Teufel der Schmeichler?

Nach seinem Besuch in Trastevere kann Sistosesto lange nicht einschlafen. Vielleicht hätte er den Espresso nicht trinken sollen, den man ihm angeboten hat. Der Verkehrslärm vor seinen Fenstern wird leiser. In der Stille der Nacht beginnen sich die Gespenster der toten Päpste zu regen, und fast alle haben sie harte Gesichter.

10

Mit 75 ist Sistosesto ganz gut beisammen. Die dritten Zähne sind längst eingepaßt, Herz und Kreislauf soweit in Ordnung. Gelegentliche Venenentzündungen werden mit elastischen Binden zum Abklingen gebracht. Seit Jahren gibt es nur noch sechs Zigaretten am Tag. Wegen des erhöhten Cholesterinspiegels wird nach dem Abendbrot eine Tablette geschluckt. Leichte Kreuzschmerzen treten zwar immer wieder auf, stellen aber kein ernstliches Problem dar. Wenn sie einmal stärker werden, kommt ein Chiropraktiker nach Castelgandolfo, und zweimal die Woche läßt sich Seine Heiligkeit den Rücken massieren.

Wann immer es möglich ist, steht Sistosesto in der Küche. Sogar im Vatikan, wo ihn geistliche Schwestern bekochen, guckt der Papst nicht ungern in die Töpfe und führt vor, wie ausgelöstes Backhuhn zubereitet wird. Das lockert die Atmosphäre.

In Castelgandolfo hat die Dottoressa, wie sie inzwischen genannt wird, für eine gewisse Wohnlichkeit gesorgt. Die ärgsten Staubfänger sind ins Depot gewandert, düstere Tapeten entfernt worden. Seit 1630 hat sich viel Mobiliar angesammelt, darunter auch ein paar auserlesene Stücke, denen jetzt ein neuer Platz zugewiesen wird, auf alten Böden, die nicht mehr unter Teppichen verschwinden. Venezianische Lüster müssen gereinigt, frische Vorhänge besorgt werden. Sistosesto denkt nicht daran, seine Freundschaften aus der Zeit vor dem Pontifikat einschlafen zu lassen. Mindestens zehn Gästezimmer wünscht er sich in Castelgandolfo, und eine Sauna wäre auch keine schlechte Idee.

Ab und zu fliegt ein Hubschrauber mit Fotoreportern über den Park von Castelgandolfo, wegen der Dottoressa. Noch immer gibt es kein aktuelles Bild von der Lebensgefährtin des Papstes, nur Fotos aus früheren Tagen. Ein wenig sind die Mitarbeiterinnen des Papstes im Vatikan auf die Dottoressa eifersüchtig. Man wird die Damen zusammenbringen müssen.

Häufig zu Gast in Castelgandolfo ist ein deutscher Benediktinerpater, bewandert in den fernöstlichen Versenkungsübungen. Mit seiner Assistenz hat Sistosesto einen Andachtsraum einrichten lassen, zu ebener Erde, mit großen Fenstern zum Park. Die Sitzkissen darin sind in der Lieblingsfarbe des Papstes gehalten, einem tiefen, ins Violette spielenden Blau. Sonst gibt es lediglich einen niedrigen Tisch für die Gerätschaften zur Feier der heiligen Messe.

Einmal im Monat lädt Sistosesto seine engsten Vertrauten aus dem Vatikan am späten Nachmittag zu einer Besinnungsstunde in die Kapelle des Schweigens ein, wie er sie nennt. Das Rätsel, auf das sie sich konzentrieren sollen, verdeckt sich im *unum necessarium* der lateinischen Fassung des Lukasevangeliums. Jesus sei in ein Dorf gekommen und von zwei Schwestern aufgenommen worden, wird an der betreffenden Stelle erzählt. Martha, die eine der beiden, habe sich um die Bewirtung gekümmert. Maria, die andere, sei bei Jesus geblieben, um seinen Lehren zu lauschen. Macht es dir gar nichts aus, habe Martha schließlich zu Jesus gesagt, daß meine Schwester die Bedienung mir allein überläßt? Martha, Martha, du sorgst und beunruhigst dich um das Viele. Notwendig ist jedoch das Eine (*porro unum est necessarium*). Maria hat den guten Teil gewählt, welcher ihr nicht genommen wird.

Der Text wurde im Lauf der Jahrhunderte zur Belegstelle für alle Weltflüchtigen beiderlei Geschlechts, die in den christlichen Klöstern das Eine gewählt hatten. Was allerdings dies Eine sei, steht im Evangelium nirgends geschrieben. An eine Wand seiner Schweigekapelle hat

Sistosesto den berühmten Satz des österreichischen Philosophen Wittgenstein setzen lassen: Wovon man nicht sprechen kann, darüber muß man schweigen.

Deshalb unterbricht Sistosesto den Ordo Missa immer wieder durch Pausen des Schweigens, wobei es den Anwesenden freisteht, den einen oder anderen Gedanken zu äußern, wenn es sich fügt.

Dann begibt sich der Papst in die Küche, um den vorbereiteten Fisch zu dämpfen oder ein Risotto zu rühren. Die Dottoressa ist lediglich für den türkischen Kaffee zuständig.

Bei anderen Abendeinladungen serviert Sistosesto gelegentlich Schinkenfleckerl, wobei er statt der in Österreich üblichen Teigwaren italienische Farfalle nimmt. Gern überrascht er seine Gäste mit einer im Nahen Osten verbreiteten Vorspeise, die aus Kichererbsen und Sesampaste zubereitet wird, mit ziemlich viel Knoblauch.

Der levantinische Brotaufstrich freut auch die beiden prominenten Gelehrten, die Sistosesto in Castelgandolfo zusammengebracht hat, den Rektor der Al-Azhar-Universität von Kairo und den Oberrabbiner der aschkenasischen Juden aus Jerusalem. Ansonsten erfordert die Bewirtung der hohen Herren ein gewisses Taktgefühl. Lamm wird sicher kein Fehler sein, und für alle Fälle hat Sistosesto einen jüdischen Koch in die Küche gebeten, wegen der Vorschriften für koscheres Essen. Statt des sonst üblichen Frascati läßt der Papst bei dieser Gelegenheit Pfefferminztee reichen. Ohne Berücksichtigung der Eßgewohnheiten verliert der Dialog zwischen den Weltreligionen den Boden unter den Füßen, meint Sistosesto. In Indien hat die Parteinahme für oder gegen das Schweinefleisch viele Menschen das Leben gekostet. Die Frage nach dem gottgefälligen Leben wird auch in der Küche entschieden.

Dem Rektor der Al-Azhar-Universität hat Sistosesto die Frage vorgelegt, ob die Wallfahrt eines Papstes nach Mekka theologisch ausgeschlossen sei. Nach islamischer Auffassung sei es Abraham gewesen, welcher die Mauern um die Kaaba aufrichtete. Dann hätte ihm Gott befohlen, die Menschen zur Wallfahrt herbeizurufen. Wie kann meine Stimme die Menschen erreichen, habe der Patriarch eingewendet, die fern von hier sind? Rufe nur, sei ihm gesagt worden. Wir werden sie hören lassen! Daraufhin sei Abraham auf den Berg Abu Kobais gestiegen. O ihr Menschen, habe er gerufen, Gott hat befohlen, daß ihr zu diesem Hause wallfahren sollt, damit ihr Belohnung empfanget und aufgenommen werdet ins Paradies!

Eure Heiligkeit sind wohl informiert.

Falls mich die Saudis nach Mekka einladen, meint Sistosesto, werde ich keine Erklärungen abgeben. Ich möchte lediglich die heiligen Stätten besuchen, als Nachfahre Abrahams. Steht nicht im Koran geschrieben, daß Abraham weder Jude noch Christ gewesen sei?

Allerdings.

Mir würde das als theologische Basis für meinen Besuch in Mekka genügen.

Auch für den Oberrabbiner der Aschkenasim hat Sistosesto einen Vorschlag parat. Es hat sich bereits herumgesprochen, erklärt er seinem jüdischen Gast, daß ich die bei uns immer noch übliche Redeweise vom sogenannten Alten und Neuen Testament zumindest für eine Geschmacklosigkeit halte, nach all dem, was den Juden unter Hitler zugefügt worden ist. Das habe ich bereits vor zwanzig Jahren geschrieben.

Freut mich zu hören.

Es wird sicher noch eine Weile dauern, bis dieser Blödsinn aufhört. Außerdem habe ich mitunter das Gefühl, wir hätten den Juden die Bibel gestohlen.

Aber, aber!

Ich weiß, daß man zweitausend Jahre nicht ungeschehen machen kann. Trotzdem habe ich daran gedacht, das laute Vorlesen bestimmter Stellen aus der christlichen Bibel zu verpönen.

Sein Blut komme über uns und unsere Kinder, flüstert der Oberrabbiner.

Das ist der böseste Satz in unseren Evangelien, sagt Sistosesto. Langsam steigen Tränen in die Augen des Oberrabbiners. Sie werden nicht abgewischt.

11

Hinter den Caracalla-Thermen liegen Kirche und Kloster San Sisto Vecchio. Schon wegen ihres Namens ist Sistosesto neugierig auf diese Niederlassung, in der seit 1219 eine Schwesterngemeinschaft nach den Grundsätzen des heiligen Dominikus lebt. Wegen der Erfahrungen mit dem Inkognito fährt der Papst diesmal lieber ganz offiziell vor, wohnt einer Andacht bei und erteilt den Klosterfrauen seinen Segen.

An den Dominikanerinnen ist Sistosesto auch aus dem Grund interessiert, weil sie im Ruf des Bildungseifers und der Freude am Studium stehen. Eine Dominikanerschwester als Privatsekretärin wäre sicher kein Fehler.

Bald kursiert ein Anforderungsprofil in einer Reihe von europäischen Mutterhäusern des Ordens. Um die fünfzig Jahre alt, absolviertes Theologiestudium, Zweitstudium in Psychologie oder einer Sozialwissenschaft, Verwaltungspraxis, Auslandserfahrung, Sprachkenntnisse (Italienisch, Englisch, Deutsch).

Die Wahl fällt schließlich auf eine lebhafte Französin. Sie fährt theologisch auf der feministischen Schiene und hat etliche Jahre ein Gymnasium geleitet. Sistosesto plaudert mit ihr über Jean-Paul Sartre und die postmoderne Philosophie. Auf die Frage, ob sie es sich zutrauen würde, die römische Kurie ein wenig durchzulüften, antwortet die Schwester mit einem Lächeln.

Nur dann, wenn etliche Kräfte mit Erfahrung in Datenverarbeitung eingestellt würden.

Einverstanden. Sistosesto spürt plötzlich sein Alter. Von Büroorganisation versteht er ebenso wenig wie von Diplomatie, Kirchenrecht hat ihn nie interessiert. Jetzt ist er an den Machtpol angeschlossen, als Intellektueller. Kann das gut gehen? Die zwanzig Jahre als Vorstadtkaplan liegen weit zurück. Auf den Jesuiten und die Dominikanerin in seinem Vorzimmer muß er sich jedenfalls verlassen können. Platz für die beiden ist genug da, in der Zimmerflucht der päpstlichen Suite.

Im Vatikan laufen Scharen von Monsignori herum, mit dem Titel eines päpstlichen Kammerherrn in allerlei Abstufungen. Jetzt kommt eine Kammerfrau dazu, auf Latein *Cubicularia*, und die Kurie hat viel zu tuscheln. Ab sofort sind die Präfekten der wichtigsten Ämter zu wöchentlichen Lagebesprechungen gebeten. Während

Sistosesto schweigt, referiert die Cubicularia über Teamwork, interne Kommunikation, Führungsqualitäten, Rollenkonflikte, Innovationsbereitschaft.

Wie Sie sehen, meine Herren, sagt Sistosesto zu den Kardinälen, haben wir alle noch eine Menge zu lernen.

Seinen Pressesprecher kennt Sistosesto von früher, wenn auch nur flüchtig. Er hat in Deutschland als Chefredakteur eines großen Nachrichtenmagazins und als Fernsehmoderator gearbeitet, bis zu seiner Pensionierung, die nunmehr unterbrochen ist, nach dem Telefonat mit dem Papst. Von Theologie versteht der neue Mann nicht sehr viel, und außerdem ist er vor Jahren aus der Kirche ausgetreten. Dafür ist er ein Profi, steht bald mit den Schlüsselpersonen der Kurie auf vertrautem Fuß und lernt schnell, was Sache ist. Seine Stellvertreterin aus dem Centrum Informationis Catholicum bewahrt ihn vor groben Schnitzern, mit dem Herausgeber des »Osservatore Romano« ißt er einmal die Woche zu Abend, und auch zu Radio Vatikan wird Kontakt gehalten.

Ja, mein Teufel. Dieser Coup ist dir gut gelungen. Habe ich mich mit Flöhen ins Bett gelegt? Während ich über ihn schreibe, beginnt Sistosesto sich von mir zu trennen und seine eigenen

Wege zu gehen. Manchmal erkenne ich mich in ihm wieder, manchmal nicht. Beginnt er mir zu entgleiten? Gewinnt er Geschmack an der Tätigkeit des Vorstandsvorsitzenden in einem Weltkonzern? Mein Engel ist zuversichtlich. Mit dem Zeitungsmenschen aus Deutschland werden wir auch noch fertig werden, wenn er zu patzig wird.

In der Befehlskette der Kurie kommt nach dem Papst der Kardinalstaatssekretär, und nach ihm gleich der sogenannte Sostituto im Rang eines Erzbischofs als Chef der ersten Sektion des Staatssekretariats für die allgemeinen Angelegenheiten. Der Sostituto sortiert die Post für den Papst, darunter Schreiben von Staatsoberhäuptern, Weltverbesserern, Bischöfen, Paranoikern, Verehrerinnen, unheilbar Kranken. Briefe von persönlichen Freunden und Freundinnen Seiner Heiligkeit werden an den Privatsekretär weitergeleitet. Wenn der Sostituto nicht will, daß der Papst über eine bestimmte Angelegenheit informiert wird, verschwindet sie in den Akten. Das führt dann zu Reibereien mit dem Privatsekretär, der seinerseits über Kanäle verfügt, auf die der Sostituto keinen Zugriff hat.

Ein weiterer Teil der Post geht an die zweite Sektion des Staatssekretariats, eine Art Außenministerium, wo viele diplomatische Fäden zusammenlaufen, im dritten Stock des Apostolischen Palastes. Dort kümmern sich drei Dutzend Karriere-Diplomaten im geistlichen Kleid um die angemessene Reaktion des Heiligen Stuhls auf Staatsstreiche, UN-Resolutionen, Königskrönungen, Menschenrechtsverletzungen.

Beide Sektionen würden dem Papst am liebsten jeden Abend ein paar Kilogramm Akten hinterlassen, damit ihm in der Nacht nicht langweilig wird, wie unter Paul VI.

Lieber Freund, sagt Sistosesto zum Kardinalstaatssekretär, ich habe gelesen, daß sich Johannes Paul I. erfolgreich gegen den Papierkrieg zur Wehr gesetzt hat.

Er ist allerdings bereits nach 33 Tagen gestorben, wie Eure Heiligkeit sicherlich wissen.

Der erste Rundgang durch seinen weitläufigen Palast ist für Sistosesto nicht ohne Reiz. In dem Komplex von historischen Gebäuden mit mehr als 1400 Räumlichkeiten, 990 Stiegen und zwanzig Höfen, entstanden aus dem Bauwillen befehlsgewohnter Priester im Lauf von siebenhundert Jahren, verirrt sich jeder Fremde. Sistosesto schüttelt Hände, besichtigt den Hort der heiligen Reliquien und die Büros der Vatikanbank, immer begleitet vom Präfekten des päpstlichen Haushalts und einem Schwanz von Monsignori im violetten Talar. Auch einige pensionierte Kurienkardinäle, die ihre Appartements behalten durften, werden ihm vorgestellt. Sie sind alle über achtzig, und einer von ihnen drückt die Hand des Papstes ungewohnt fest. Auguri, sagt er lächelnd. Hat Sistosesto einen heimlichen Freund?

Ein paar Tage später sitzt er mit ihm bereits zusammen, in der Stille eines abgedunkelten Zimmers, das mit alten Möbeln vollgeräumt ist. Ich brauche ein wenig Nachhilfeunterricht, sagt Sistosesto.

Meine Schwester hat mir Ihr Buch über Jesus Christus geschenkt, auf Italienisch, vor dreißig Jahren. Selbstverständlich habe ich niemandem erzählt, daß es mir gefallen hat. Ich komme aus der Emilia, wo die Kommunisten immer sehr stark waren.

In Österreich nicht. Wir waren näher am Eisernen Vorhang.

Ich weiß. Der Name Eurer Heiligkeit ist mir seit 1969 bekannt, als auf persönliche Veranlassung Paul VI. ein Informationsverfahren der Glaubenskongregation gegen Sie eingestellt wurde.

Damals habe ich gesagt, ich wünschte mir einen neuen Papst, aus Protest gegen die Pillen-Enzyklika.

Montini hat jede Akte gelesen, die auf seinen Schreibtisch kam, auch die Ihre. Er war ein scheuer und vornehmer Mensch. Im Gegensatz zu Ihnen, Eure Heiligkeit, hatte er eine intime Kenntnis der Kurie.

Deswegen bin ich zu Ihnen gekommen.

Sie brauchen unbedingt einen Italiener in Ihrer unmittelbaren Umgebung, Heiligkeit. Mit dem Amerikaner und der Französin allein werden Sie nicht durchkommen.

Wissen Sie jemanden?

Ich werde mich umhören.

Einen Monat später ist ein sizilianischer Priester aus der ersten Sektion des Staatssekretariats zum persönlichen Referenten des Papstes für Koordinationsfragen bestellt. Außerdem hat ein kleiner Kartäuserkater in der päpstlichen Wohnung Quartier genommen – ein Geschenk der weiblichen Angestellten des Vatikans. Soll er in einem Körbchen zwischen dem Vatikan und Castelgandolfo pendeln, damit er sich nicht einsam fühlt, wenn der Papst auswärts schläft? Auf gar keinen Fall, entscheiden die Schwestern aus der päpstlichen Küche. Der Kater wird bei uns bleiben. Wie soll er übrigens heißen?

Summolo. Er soll wie der Summus Pontifex behandelt werden, wünscht Sistosesto, in gewissen Grenzen natürlich.

12

Nach der Zusammenstellung seiner Troika, wie sie in der Kurie bald genannt wird, kann sich Sistosesto ein wenig zurücklehnen. Evaristus II. hat die wichtigsten Positionen in der päpstlichen Bürokratie mit liberalen Prälaten besetzt. Sistosesto hat sie in ihren Ämtern belassen. Alle Vatikan-Angestellten haben eine dreiprozentige Gehaltserhöhung bekommen. Eine neue Briefmarkenserie der Vatikanpost zeigt Sixtus VI. im sandfarbenen Talar mit dem Camauro auf dem Kopf. Die Welt dreht sich weiter.

Der Privatsekretär allerdings macht mir gewisse Sorgen. Ich bin deswegen auf ihn gekommen, weil er ein Doktor der Politikwissenschaften ist und während seiner Tätigkeit an der Jesuitenuniversität Georgetown ein kenntnisreiches Buch über den Vatikan geschrieben hat. Jetzt, nach ein paar Monaten im Vorzimmer des Papstes, fängt er bereits von der Einberufung eines Konzils zu reden an.

Schon wieder?

Vierzig Jahre sind angesichts der raschen und tiefgreifenden Veränderungen im Weltgeschehen ein relativ langer Zeitraum. Die neue Generation von Bischöfen, ohnehin stark verunsichert und auch fraktioniert, sollte ihre Zusammengehörigkeit erleben dürfen.

Das wären über viertausend Mann.

Wenn wir die Ruheständler abziehen und nur Bischöfe zulassen, die eine Diözese leiten, kommen wir auf etwa 2300 Teilnehmer. Wenn jeder nur fünf Minuten redet, brauchen wir für den ersten Durchgang mindestens zwei Monate. Was mich anlangt, sagt Sistosesto, werde ich dabei sicher einschlafen.

Sie vergessen das Internet, Heiligkeit. Es ist wie geschaffen für einen weltweiten Gedankenaustausch unter den Bischöfen, so daß sie bereits bestens vorbereitet nach Rom kommen könnten.

Und das Thema?

Bestimmen die Bischöfe.

Da bin ich aber neugierig.

Seit dem letzten Konzil, sagt Sistosesto in der Kapelle des Schweigens zu seinen Vertrauten, hat ein gutes Dutzend Bischofssynoden in Rom getagt. Außerdem versammeln sich jedes Jahr hundert nationale Bischofskonferenzen und produzieren Papier, Papier, Papier. Wer soll das alles lesen? Der Frage des Glaubens weichen die Bischöfe aus, der größten und unheimlichsten, die es für uns Menschen gibt, wie Canetti bemerkt hat. Sie hängt mit der Frage zusammen, wofür Menschen zu sterben bereit sind. Vor 750 Jahren hat ein gewisser Hugo von Digne dem Papst und seinen Kardinälen eine Predigt gehalten, als ob er zu spielenden Kindern redete. Solch einen Geistlichen würde ich mir wünschen, für eine Ansprache vor der nächsten Bischofssynode.

Der Episkopat, sagt die Cubicularia, wird keine Mehrheit für die Zulassung von Frauen zu den höheren Weihen zustandebringen.

Immerhin hat Bischof Ernest Kombo aus Schwarzafrika, sagt der Sizilianer, auf der Bischofssynode 1994 vorgeschlagen, eine Frau zum Kardinal zu ernennen.

Eine gute Idee, meint Sistosesto. Ehe ich ein Konzil einberufe, möchte ich mich mit Leuten wie dem Bischof Kombo zusammensetzen. Zu einem Consistorium kann ich einladen, wen ich will. Vielleicht kommt der Heilige Geist ausnahmsweise einmal in Rom vorbei.

Und die Frauenquote?

Der Unterschied zwischen Mann und Weib fällt für die Getauften weg, hat Sankt Paulus geschrieben.

Dann wird es Zeit für die heilige Wandlung, in der Kapelle des Schweigens. Wie ich mir Sistosesto vorstelle, muß er dabei immer weinen.

13

Am ersten Jahrestag seiner Wahl begrüßt Sistosesto ein ungewöhnliches Consistorium von Kardinälen und Bischöfen, Ordensleuten, Persönlichkeiten aus Politik und Wirtschaft in der Sixtinischen Kapelle. Auch die Künste, die Musik, die Literatur und die wissenschaftliche Welt sind vertreten, insgesamt 49 Gäste aus aller Welt, und der Papst macht die Fünfzig voll, um auf die Zahl der Tage zwischen Ostern und Pfingsten hinzuweisen.

Die Eröffnungsansprache hält die Nachfolgerin der Mutter Teresa. Nach den Aufregungen der letzten Zeit, sagt sie, braucht die Kirche zuerst einmal Ruhe.

Seit einem Jahr, fährt die Rednerin in der Sixtinischen Kapelle fort, hat der Heilige Vater ein frommes Schweigen bewahrt, wohl auch aus Trauer über das Verstummen seines Vorgängers nach nur zweijährigem Wirken. Ich komme aus Kalkutta, und was die Menschen dort brauchen, sind keine schönen Worte, sondern tätige

Nächstenliebe. Was immer ihr einem der geringsten Brüder getan habt, spricht Christus der Herr, das habt ihr mir getan.

Dann wird gerufen: *Extra omnes*. Alle, die bei den Beratungen nichts verloren haben, müssen hinaus, die Scheinwerfer für das Fernsehen werden ausgeschaltet, und Sistosesto bittet die Anwesenden, Klartext zu reden. Betrachten Sie mich als Moderator, fügt er hinzu. Sollte sich in dem einen oder anderen Punkt eine Übereinstimmung herauskristallisieren, wird es mich freuen.

Das Motto der Zusammenkunft ist dem Propheten Jesaja entnommen: *Quid de nocte?* Auf Latein klingt die Frage an den Nachtwächter, wie spät es denn sei, rätselhaft bang und erlösungsbedürftig. Auch die englische Fassung der King James Version von 1611 trifft den Ton der alten Bibelstelle besser als die modernen Übersetzungen. *Watchman, what of the night? The watchman said, The morning cometh, and also the night: if ye will enquire, enquire ye: return, come.*

Sistosesto hat den schönen Text auf die Titelseite der Unterlagen für die Eingeladenen setzen lassen, unter das Latein des heiligen Hieronymus. Hergestellt in der Tipografia Poliglotta Vaticana in einer Auflage von fünfzig Stück und gebunden in rotem Leder, sind die wenigen Seiten mit den nötigen Informationen schon bei Erscheinen eine altmodische Rarität. Warum immer mit der Zeit gehen?

Eben diese Frage möchte der Papst seinen Gästen stellen, besonders den Agnostikern unter ihnen, den Nobelpreisträgern und Harvardprofessoren. Konferenzsprache ist Englisch. *If ye will enquire, enquire ye*. Wenn ihr schon fragt, so hat Luther übersetzt, so werdet ir doch wider komen und wider fragen.

Nicht wegen der ausweichenden Antwort des biblischen Nachtwächters hat sich das Motto nahegelegt, sondern wegen der Frage an ihn, die den Text einleitet. Sie ist vertrackt genug, wenn sie als Erkundigung nach dem Wesen der Zeitlichkeit aufgefaßt wird. Solang mich niemand nach ihr fragt, schrieb der heilige Augustinus, weiß ich Bescheid, wenn ich sie erklären soll, versage ich. Von Augustinus bis Heidegger haben die besten Köpfe vergeblich versucht, diese harte Nuß zu knacken. Auch Sistosesto denkt nicht daran, ein weiteres Symposion über den Zeitbegriff in Szene zu setzen.

Er möchte lediglich wissen, ob es verläßliche Regeln für eine traditionsbewußte Heilsmassenanstalt wie die römisch katholische Kirche gibt, die unter Modernisierungsdruck steht.

Vierhundert Jahre lang, seit dem Untergang der Flotte des spanischen Philipp anno 1588 vor der Küste Englands, mußten die Vorgänger von

Sistosesto in der Neuzeit eine Bedrohung sehen, die es mit allen Kräften abzuwehren galt. Aufklärung, Revolution, Industrie, Sozialismus – gegen diese Losungen schleuderten die Päpste ihre Verwahrungen, suchten Hilfe bei den katholisch gebliebenen Habsburgern und Bourbonen, ließen ihre Priester einen Antimodernisteneid schwören. Mit den republikanischen und demokratischen Prinzipien taten sie sich ebenso schwer wie mit den Deklarationen der Menschenrechte von 1789 und 1948. Nur zögernd wurden Eisenbahn, elektrisches Licht, Telefon zur Kenntnis genommen, und erst der polnische Papst behielt im Vatikan seine Armbanduhr an. Für die Messung der Zeitläufte war sie untauglich.

Soll ich Sistosesto zu einem Revisionisten machen, der das jahrhundertelange Beharrungsvermögen der Päpste über den Haufen wirft, ihre Reserviertheit gegenüber dem Fortschrittsgedanken, ihre Rückständigkeit? Der wie ein Kind in die Hände klatscht, wenn sich ein Überschallflugzeug in die Lüfte erhebt? Ja, mein Teufel, das könnte dir passen, die größte Glaubensgemeinschaft auf der Welt in ein flott gestyltes Humanitätsunternehmen zu verwandeln, mit einem freundlichen Opa an der Spitze, lächelnd wie ein Buddha im Nirwana. Nein. In die Modernisierungsfalle werde ich meinen Sistosesto nicht stolpern lassen.

Das erste Hauptreferat hält der Präsident des »Club of Rome«. Er hält die gegenwärtige Lage der Menschheit für so bedrohlich wie das gewaltige Fresko des Michelangelo vom Jüngsten Gericht in der Sixtinischen Kapelle. Früher einmal wurden die Völker durch die Religion diszipliniert, aber mit dem weitverbreiteten Verlust des Glaubens an die Religion sind die Schranken gefallen, meint der Redner. Der Respekt für die Gesetze ist gesunken, Terrorismus und Kriminalität nehmen zu, die heutige Generation hat keine Identität, und sie weiß nicht, wo sie danach suchen soll. Für die großen Religionen ist es schwer, sich an die im raschen Wandel begriffene Welt anzupassen, ohne dabei die Inhalte ihrer Botschaft zu vergessen. Ihre Ratlosigkeit fällt in das Anfangsstadium einer globalen Revolution auf unserem kleinen Planeten, den zu zerstören wir offenbar wild entschlossen sind, schließt der Referent. Er fordert die katholische Kirche auf, an der Erstellung eines neuen Wertesystems mitzuarbeiten, an einer Ethik der Lebensfreundlichkeit und der Solidarität über alle Schranken der Sprache, der Kultur und der Hautfarbe hinweg.

Ja, so redest du immer, mein Engel. Ernsthaft, dringlich, gebieterisch. Immer ist es für dich fünf Minuten vor zwölf. Warum kündigst du so gern Weltuntergänge an? Sistosesto unterdrückt höflich ein Gähnen. Was werden die Kardinäle Boff, Drewermann, Küng sagen, die als nächste an der Reihe sind? Verstohlen blickt Sistosesto auf seine Armbanduhr. Sie stammt aus dem Hause Patek Philippe in Genf. Was hat die Stunde geschlagen?

Sistosesto hat eine Schwäche für schöne Uhren, allerdings nur für solche ohne Komplikationen. Wenn der biblische Nachtwächter eine Uhr gehabt hätte, wäre seine Auskunft wahrscheinlich weniger verworren ausgefallen. Uhren wissen in der Regel nicht, ob es Tag oder Nacht ist. Uhren sind dazu da, die verstreichende Zeit in zwölf Portionen einzuteilen, immer wieder. So wie die zwölf Tierkreiszeichen beziehungsweise die Monate das Jahr rationieren, die Zeit eines Erdumlaufs um die Sonne. Uhren und Himmelszeichen kennen keinen Fortschritt. Schon eher merkwürdig, daß ausgerechnet der Zwölfer die Himmelsmechanik und die Uhren regiert. Sistosesto ist eingenickt.

Aber der Teufel schläft nicht. Sistosesto wird von einer flüsternden Stimme geweckt. Es ist der Privatsekretär. Vor einer halben Stunde ist Evaristus II. entführt worden.

14

Die Qualität des Videos, das ab Mitternacht um die Welt geht, läßt zu wünschen übrig. Zu sehen sind fünf vermummte Gestalten, die den pensionierten Papst höflich zu einem Lieferwagen der italienischen Firma Barilla (Teigwaren: *Un gusto sempre al dente*) geleiten, mitsamt seiner Schwester, offenbar in recht angeregter Stimmung. Dann Schnitt auf Evaristus II. an einem Schreibtisch, mit der Zeitung vom Vortag in der Hand, freundlich lächelnd. Der Begleittext zum Video, das via Internet ans Fernsehen gelangt ist, stellt die Zuschauer vor ein Rätsel. Das ist weder eine Entführung noch eine Erpressung, so beginnt die Erklärung, denn die Schwester von Evaristus II. hat unsere Einladung angenommen, ihren Bruder mit einem Medikament behandeln zu lassen, zu dem nur wir Zugang haben. Wir lieben und verehren diesen Papst, und deswegen möchten wir alles unternehmen, ihm seine Geisteskräfte wiederzuschenken, zumal wir davon überzeugt sind, daß dieser Papst einem Komplott der katholischen Reaktionäre zum Opfer gefallen ist. Wir melden uns wieder, schließt der Text, sobald es neue Informationen über den Gesundheitszustand Evaristus II. gibt.

Der Heilige Stuhl, sagt der Pressespecher des Vatikans, hat bislang keine Veranlassung gesehen, eine internationale Fahndung nach dem Verbleib Evaristus II. einzuleiten. Sein Leben soll nicht in Gefahr gebracht werden. Das Außerordentliche Consistorium wird wie vorgesehen im Saal der abgeschlagenen Köpfe fortgeführt.

Der Saal der abgeschlagenen Köpfe, vormals ein Depot der Vatikanischen Museen für beschädigte Statuten, wurde unter Paul VI. zu einer Konferenz-Aula umgestaltet. Während dort die Frage diskutiert wird, ob sich die Menschheit am Ende ihrer bisherigen Geschichte befindet oder mitten im Kampf der führenden Kulturkreise, muß sich die Regierung Brasiliens mit einer dringlichen Anfrage des Abgeordnetenhauses befassen, was sie gegen die Entführung des prominentesten Bürgers dieses Landes zu unternehmen gedenkt. Wenn schon der Vatikan untätig bleibt, ruft ein Deputierter unter allgemeinem Beifall, dann müssen wir es sein, die diesen Verbrechern das Handwerk legen, in deren Gewalt sich der verehrte Sohn unseres Vaterlandes befindet.

Auch der Präsident der Vereinigten Staaten ist mit der zögerlichen Haltung des Vatikans nicht zufrieden. Sistosesto nimmt den Anruf während der Mittagspause entgegen. Die internationale Gemeinschaft kann es nicht dulden, sagt der Präsident, daß eine derart eklatante Verletzung der Gesetze ohne Reaktion bleibt.

Ich habe die letzte Nacht schlecht geschlafen, sagt Sistosesto. Wie spät ist es denn in Washington?

Sieben Uhr früh.

Dann sind Sie aber zeitig aufgestanden.

Die italienischen Morgenzeitungen sind ausverkauft. Sie bringen ausführliche Reportagen über die Ereignisse in Castelgandolfo. Der Lieferwagen erregte keinerlei Verdacht. Gegen Mittag entstieg ihm ein Kommando von acht bis zehn Personen, verteilte sich rasch über den ganzen Komplex und nötigte das Personal in ein Zimmer, das dann verschlossen wurde. Inzwischen war Evaristus II. mit seiner Schwester, die offensichtlich informiert war, in den Lieferwagen gestiegen. Es ging alles sehr schnell, erzählt ein Gärtner, sehr professionell. Die Leute kannten sich bestens aus, redeten kein Wort, winkten lediglich mit ihren halbautomatischen Waffen.

Der italienische Innenminister weist darauf hin, daß Evaristus II. bereits im Ausland sein könnte. Bis zur Küste ist es von Castelgandolfo nicht weit. Barilla Alimentare (Parma) bedauert, daß eines ihrer Fahrzeuge für den Handstreich benutzt wurde. Der Lieferwagen, selbstverständlich gestohlen, ist inzwischen sichergestellt. Ansonsten fehlt jede Spur, und über die Entführer gibt es lediglich Spekulationen. Kontakte zur Mafia werden nicht ausgeschlossen.

Unsinn, sagt der Sizilianer aus dem Staatssekretariat. Er hat mit dem päpstlichen Nuntius in Brasilien telefoniert. Wenn die Schwester von Evaristus II. tatsächlich eingeweiht war, dann stecken möglicherweise brasilianische Kreise hinter der Geschichte, meint der Nuntius. Und welche? Sicherlich keine Linkskatholiken. Die haben sich bereits von dem Unternehmen distanziert.

Das schwarze Rom hat sich einen Gegenpapst geholt, sagt eine lateinamerikanische Journalistin zu Sistosesto, während einer Kaffeepause im Saal der abgeschlagenen Köpfe. Gemeint ist Salvador, die Hauptstadt des brasilianischen Bundesstaats Bahia. Dort blühen und gedeihen die afroamerikanischen Andächtigkeiten besonders gut.

Was wollen Sie damit sagen?

Warten Sie ab, Heiligkeit.

Nach der Kaffeepause hat eine Befreiungstheologin aus Sri Lanka das Wort. Die Peripherie hat bei uns angeklopft, sagt die Rednerin. Die Peripherie ist überall, auch hier in Rom, wo Schwarzafrikaner den Straßenhandel beherrschen. Die Zentren, das sind die Börsen, wo die verrückten Geschäfte getätigt werden, wie in einem Spielcasino, rund um die Uhr. Ich finde es durchaus erfreulich, daß sich der Vatikan aus den Polizeispielen heraushält. Die Polizei steht im Dienst der Zentren. In ihnen ist Gott tatsächlich tot. Lebendig hingegen ist er an der Peripherie. Er redet mit vielen Stimmen, undiszipliniert, leidenschaftlich, fordernd. Er verdreht den Leuten die Augen und die Köpfe, beinahe wie ein Verführer. Er läßt die Frauen in Trance fallen, damit sie für eine halbe Stunde ihr Elend vergessen. Er hat die Sklaven von Afrika nach Amerika begleitet. Wir in Asien erleben ihn nicht als Dreifaltigkeit, sondern als Vielfaltigkeit. Einig sind wir Frauen uns allerdings in dem Bewußtsein, daß wir in mancherlei Hinsicht benachteiligt sind, daß wir uns befreien müssen, und zwar von der allmächtigen Vaterfigur, die uns in unserer Unmündigkeit festhalten will. Vielleicht ist Evaristus II. eben deshalb aus Castelgandolfo abgeholt worden.

Unruhe im Saal. Vielleicht darf ich in diesem Zusammenhang erwähnen, erklärt Sistosesto, daß mich eine Botschaft der Schwester von

Evaristus II. erreicht hat, deren Inhalt mich außerordentlich beruhigt. Mehr möchte ich dazu im Augenblick nicht sagen.

Das chiffrierte Fax aus der brasilianischen Nuntiatur, das Sistosesto studiert hat, liest sich wie ein Thriller. Gegen neun Uhr am Morgen habe der Chauffeur ein Päckchen auf dem Fahrersitz entdeckt, als er den Dienstwagen aus der Garage holte. Es handelte sich um ein Videoband, das die Schwester von Evaristus II. zeigte. Was sie auf Portugiesisch sagte, werde wie folgt als Abschrift übermittelt, zuerst in der Originalsprache und dann in englischer Übersetzung. Das Video sei bereits nach Rom unterwegs, mit einem Kurier.

Heiliger Vater, lieber Freund, so der Text, zuerst muß ich mich für die Ungelegenheiten entschuldigen, die ich Ihnen bereite. Mein Bruder und ich haben uns immer über die Besuche gefreut, die Sie uns in Castelgandolfo gemacht haben. Den Frauen, die mit mir Kontakt aufnahmen und die uns hierher gebracht haben, vertraue ich vollkommen. Wir sind bestens aufgehoben. Unsere Gastgeberinnen gehören einer geheimen Vereinigung katholischer Flug-Hostessen an, die vor etlichen Jahren in Haiti gegründet wurde, von einer Ordensfrau, die verdeckt als Voodoo-Priesterin arbeitet. Ich selbst bin seit vielen Jahren, ohne daß mein Bruder das wußte, eine Candomblé-Priesterin. Als mein Bruder zunehmend verwirrter wurde, habe ich gleich an seinen Privatsekretär gedacht, der die Medikamente überwachte. Ich habe ihn nie leiden können. Mittlerweile habe ich herausgefunden, daß dieser Mensch in die Umbanda eingeweiht ist. Als Religionswissenschaftler werden Sie vielleicht wissen, lieber Freund, wie raffiniert die pharmakologischen Kenntnisse der afro-amerikanischen Religionen sein können, mit welchen Mitteln man einen Menschen in einen Zombie verwandeln kann. Daß der Privatsekretär von den reaktionären Kreisen Brasiliens bestochen ist, steht mit ziemlicher Sicherheit fest. Jetzt möchten wir herausfinden, ob die Krankheit meines Bruders tatsächlich Alzheimer ist oder eben doch auf gewisse Mittel zurückgeht, die meinem Bruder ohne sein Wissen verabreicht wurden. In Europa gibt es nur ganz wenige Ärzte, die in diesen Dingen Bescheid wissen, und deshalb schien es mir richtig zu sein, kompetente Hilfe zu suchen. Wahrscheinlich wird es ein paar Wochen dauern, bis wir Klarheit haben. Über Radio Vatikan können Sie mit uns Kontakt aufnehmen, unter dem Code der heiligen Rosa von Lima, auf der Morgenfrequenz für Brasilien.

Erstaunlich, sagt der Sizilianer. Die wissen sogar, daß wir verschlüsselte Mitteilungen senden. Was sollen wir ihnen ausrichten?

Daß der Heilige Vater ihr Anliegen segnet, sagt Sistosesto.

Zu Beginn des dritten Tages des Außerordentlichen Consistoriums hält Sistosesto eine kurze Ansprache. Unsere Beratungen, sagt er, werden durch die Entführung meines Vorgängers gleichsam überschattet. Mittlerweile meine ich zu wissen, was zu diesem spektakulären Vorgang geführt hat. Näheres dazu kann und will ich zum gegenwärtigen Zeitpunkt nicht bekanntgeben. Einen Grund zu ernstlicher Beunruhigung sehe ich jedenfalls nicht. Evaristus II. ist Lateinamerikaner, und so liegt es nahe, daß unsere Gedanken sich mit diesem Subkontinent beschäftigen, auf dem die Hälfte aller katholischen Christen lebt. Was wir Religion nennen, ist dort eine so lebendige Kraft, daß sie aus europäischer Sicht bestürzend wirkt. Ihre Heftigkeit zeigt sich in den mitunter blutigen Riten der afroamerikanischen Frömmigkeit, sie spricht zu uns mit der Stimme jener heiligen Rosa von Lima, die gegen sich selbst geradezu exquisit grausam war. Auch Evaristus II. hat sich nicht geschont. Mit seinen Bemerkungen über das scharfe Gefälle zwischen den Lebensumständen der Bevölkerungsmehrheit seines Heimatlandes und dem Luxus der Großverdiener hat er sich mächtige Feinde gemacht. Wie gern würde ich ihn gesund und munter unter uns haben. Die Klarheit seiner Vision fehlt uns. Ich habe diese Konferenz nicht zuletzt deshalb einberufen, damit die Richtung, die uns dieser Mann gewiesen hat, nicht in Vergessenheit gerät.

Danach wird über eine Resolution abgestimmt, die der Heilige Vater höchstpersönlich eingebracht hat. Sie fordert die Vereinten Nationen auf, von der Unesco eine englische Standard-Ausgabe der »Great Books of Mankind« veranstalten zu lassen. Gemeint sind menschheitliche Grundschriften wie das Gilgamesch-Epos, die Bibel, die homerischen Epen, die Hymnen des Zarathustra, die Lehrreden Buddhas, das Tao-Te-ching und die Gespräche des Konfuzius, die Bhagawadgita, die Texte des persischen Mani, der Koran.

Ich wünsche, erklärt Sistosesto, daß in Zukunft alle Schulkinder auf der Welt mit den wichtigsten Büchern bekanntgemacht werden, die am Beginn der Schriftkultur entstanden sind.

Damit verzichten Heiligkeit, meint der Präfekt der Glaubenskongregation, auf den unvergleichlichen Rang der Bibel als des Buches der Bücher.

Dasselbe könnten die Muslime in Bezug auf ihren Koran geltend machen, entgegnet Sistosesto. Eben diese Art von Eigensinn stört den Weltfrieden.

Und wer soll entscheiden, welche Bücher in die Standard-Ausgabe aufgenommen werden?

Eine Kommission aller lebenden Träger des Nobelpreises für Literatur zum Beispiel.

Die Resolution wird einstimmig angenommen.

15

Ehemaliger Privatsekretär von Evaristus II. spurlos verschwunden!

Am vierten Tag des Außerordentlichen Consistoriums rascheln im Saal der abgeschlagenen Köpfe die Morgenzeitungen mit der neuesten Schlagzeile. Monsignore Cirne-Lima, so ist zu lesen, wie sein früherer Chef aus der Provinz Rio Grande do Sul Brasiliens gebürtig und zur Zeit als offizieller katholischer Beobachter zum Weltrat der Kirchen nach Genf abkommandiert, hatte den Dominikanern von Fribourg seinen Besuch angekündigt, war aber dort nicht eingetroffen. Zum letzten Mal gesichtet sei er im Speisewagen des Intercity Genf-Bern worden, in der Gesellschaft einer jungen Frau, mit der er dann auch in Fribourg den Zug verlassen habe. Ein Zusammenhang mit der Entführung von Evaristus II. sei nicht auszuschließen.

In den Fernsehnachrichten ist ein Studienkollege des verschwundenen Monsignore zu sehen, ebenfalls ein Lateinamerikaner, der als

Seelsorger in einem Armenviertel von Sao Paulo tätig ist. Mir ist Julio irgendwie verändert erschienen, erzählt der Geistliche, als ich ihn vor zwei Jahren sah, am Ende seines Heimaturlaubs. Unser Papst, wie wir Evaristus II. gerne nannten, war damals noch putzmunter. Julio kam mitten in der Nacht, er wirkte nervös. Morgen fliege ich zurück nach Rom, sagte er zu mir. Erzähl niemandem, daß ich dich besucht habe. Ein paar Typen sind hinter mir her, die etwas gegen mich in der Hand haben. Am liebsten würde ich untertauchen, aber das kann ich dem Papst nicht antun. Auf die Frage, ob der Privatsekretär damals unter dem Einfluß bewußtseinsverändernder Drogen gestanden habe, antwortet der Armenpriester, das könne er nicht ausschließen.

Der Verdacht, Cirne-Lima sei während seines Heimataufenthalts erpreßt und umgedreht worden, stammt aus einer Vatikan-Quelle, die nicht genannt werden will. Der Privatsekretär habe ziemlich überraschend um Urlaub gebeten, angeblich wegen einer Erkrankung seiner Mutter, und sei fast zwei Monate weggeblieben. Nach seiner Rückkehr hätte er fahrig und reizbar gewirkt, Namen verwechselt und Akten verschlampt. Bald darauf seien die ersten Ausfallserscheinungen Evaristus II. aufgetreten.

Wurde Evaristus II. vergiftet?

Das ist die erste Frage an den Pressesprecher des Vatikans, am Spätnachmittag. Wir wissen, sagt der Pressesprecher, daß Monsignore Cirne-Lima während des fraglichen Urlaubs sechs Wochen in einer Privatklinik verbracht hat, um sich vom Streß seiner Arbeit zu erholen. Es gab keinen Grund zur Beunruhigung.

Wäre es denkbar, daß der Mann während dieses Aufenthalts unter Druck gesetzt wurde, möglicherweise mit der Hilfe von Psychopharmaka?

Das ist reine Spekulation.

Angeblich ist die Geheimloge P 2 in Brasilien noch immer aktiv und war daran interessiert, Evaristus II. kaltzustellen.

Das höre ich zum ersten Mal.

Können Sie bestätigen, daß Evaristus II. seinen Privatsekretär entlassen wollte?

Nein.

Und so weiter. Daß ein weiteres Video der Schwester von Evaristus II. im Vatikan angelangt ist, verschweigt der Pressesprecher.

Lieber Heiliger Vater, sagt die Schwester Evaristus II. auf dem Videoband, demnächst wird Monsignore Cirne-Lima bei uns eintreffen, und zwar ganz freiwillig. Er lebte ohnehin in ständiger Angst vor seinen Auftraggebern und hat das Angebot einer unserer Mitarbeiterinnen, ihm ein sicheres Asyl zu verschaffen, gern angenommen. Bald werden wir Näheres über das Komplott gegen meinen Bruder erfahren. Unser größtes Problem ist das Rezept für ein Mittel gegen die Erkrankung meines Bruders, von der wir inzwischen ziemlich sicher wissen, daß sie pharmakologisch verursacht ist. Auf die bisherigen Medikationen hat mein Bruder leider kaum angesprochen. Aber er fühlt sich wohl, hat einen Ortswechsel zur Kenntnis genommen und läßt Sie ganz herzlich grüßen.

Als junger Geistlicher, erzählt Sistosesto im Außerordentlichen Consistorium, schrieb ich dem Philosophen Karl Jaspers ein paar Zeilen, nach der Lektüre seines Buches »Der philosophische Glaube angesichts der Offenbarung«, das mich beeindruckt und auch beunruhigt hatte. Zu meiner Überraschung erhielt ich eine Antwort. Dieser Zuruf eines katholischen Priesters tut mir wohl, schrieb Jaspers. Sie werden bemerkt haben, fuhr das Schreiben fort, daß ich meinerseits keinerlei Einwand gegen die Messe, gegen Liturgie und Predigt habe. Ich zweifle nicht, daß dort etwas liegt, was mir unzugänglich ist. Wichtig aber scheint mir, daß wir uns verstehen können. Sie sind nicht zornig über mein Buch. Das freut mich und ist mir eine Bestätigung für die eigenen Impulse, aus denen ich dieses Buch geschrieben habe. Die Spannung zwischen der eigenständigen Philosophie und dem christlich-kirchlichen Offenbarungsglauben, schloß Jaspers, kann der Natur der Sache nach nicht denkend gelöst werden.

In dem Buch, sagt Sistosesto, von dem in unserer Korrespondenz die Rede war, hatte Jaspers in wenigen Zeilen das Problem formuliert, mit dem wir in diesem Consistorium befaßt sind. Zeitliche Dauer, schrieb der Philosoph, ist kein Beweis für Wahrheit. Ägyptische Religion und Konfuzianismus haben länger gedauert als das Christentum bis heute und sind nicht mehr da. Der Buddhismus ist ein halbes Jahrtausend älter als das Christentum, beide sind noch da. Aber beide stehen heute vor derselben Frage, ob ihr Ende bevorstehe oder ob sie einen radikalen Wandel vollziehen. Christentum wie Buddhismus haben in ihrer Realität außerordentliche Wandlungen durchgemacht. Unter den Bedingungen des technisch-wissenschaftlichen Zeitalters können sie nicht bleiben, wie sie sind. Die Wandlung ihrer Erscheinung wird tiefer sein als irgendeine der früheren, oder sie sterben ab. Es wird wie eine Neugeburt sein, wenn der eigentliche Ernst die Fassade der religiösen Konventionen und die Gewohnheiten der Völker durchbricht. Dadurch könnte das Versinken des Menschen, das wir heute beobachten und in der Zukunft schaudernd für möglich halten, aufgehalten und schließlich durch eine neue große, für uns noch nicht angemessen vorstellbare Gestalt des Menschseins überwunden werden.

Verzeihen Sie das lange Zitat, meine Damen und Herren, sagt Sistosesto. Es ist mir in den mehr als vierzig Jahren, seit es zum ersten Mal veröffentlicht wurde, ans Herz gewachsen. Der Unterschied zwischen Konvention und eigentlichem Ernst ist mir noch immer wichtig. Mitunter kam er in diesem Consistorium für mich zur Sprache. Dafür danke ich Ihnen.

16

Mittlerweile sind die ersten Bände meiner Gesammelten Werke erschienen. Eitel wie ich bin, habe ich meine Einwilligung zu ihrer Veröffentlichung gegeben. Alles, was je von mir gedruckt worden ist, soll jetzt noch mal zwischen Buchdeckel kommen, quasi mit päpstlichem Segen. Das gefällt ihm sehr, meinem kleinen Teufel. Der Pressesprecher des Vatikans ist entsetzt. Haben Sie alles nochmal gelesen, was Sie publiziert haben, bevor Sie den Verlagsvertrag unterschrieben, Heiligkeit?

Nein.

Das habe ich geahnt. Darf ich aus Ihrem Buch »Was ich denke« aus dem Jahr 1994 zitieren, Seite 46. »Letzte Woche, in Warmbad Villach, sozusagen nebenbei plötzlich die Klarheit: Ich habe den Glauben verloren.« Die Notiz bezieht sich auf die Zeit zwischen 1977 und 1981. Wenn das jemand aufstöbert, haben wir eine neue Schlagzeile auf dem Tisch. Papst hat vor 25 Jahren seinen Glauben verloren.

O du meine Güte.

Heiligkeit werden ein weiteres Buch schreiben müssen.

Wie bitte?

Der Kirchenvater Augustinus hat als alter Mann sämtliche Bücher nochmal gelesen, die er veröffentlicht hatte, und danach eine Art Selbstverbesserung verfaßt.

Das ist mir bekannt. Mit dem heiligen Augustinus kann ich mich sicher nicht vergleichen.

Sie werden nicht umhin können, Heiligkeit, den vielen Bitten um Klarstellung Ihrer heutigen Position zu entsprechen, die uns beinahe tagtäglich erreichen.

Das möchte ich lieber nicht tun.

Und was wäre, wenn sich Heiligkeit mit Kardinal Ratzinger zu einem längeren Gespräch zusammensetzen, das dann veröffentlicht würde?

Jetzt machen Sie mich neugierig, mein Lieber.

Was Sie vor Ihrer Wahl gesagt und geschrieben haben, erklärt der pensionierte Glaubenspräfekt dem Papst, zeigt Sie als religiösen Denker, dessen Aufrichtigkeit außer Zweifel steht.

Sie schmeicheln mir, Eminenz.

Durchaus nicht. Ihre Lust am Provozieren ist bekannt. Man kann Ihnen Mangel an Demut vorwerfen, auch Disziplinlosigkeit. Jede Autorität reizt Sie zum Widerspruch. Außerdem sind Ihre akademischen Qualifikationen in den wichtigsten theologischen Disziplinen bescheiden geblieben. Habilitiert haben Sie sich lediglich in der Religionswissenschaft, und auch auf diesem Gebiet lassen sich die Ergebnisse Ihrer akademischen Forschungen an zehn Fingern abzählen. Ihre Begabung liegt eher auf dem Gebiet der Publizistik, Heiligkeit.

Das war einmal.

Was Sie früher veröffentlicht haben, ist jedenfalls lehramtlich gegenstandslos.

Kein Häresieverdacht?

In Ihren Schriften vermag ich nichts von dem zu entdecken, was im Codex des kanonischen Rechts Häresie genannt wird, nämlich der beharrliche Zweifel an Glaubenswahrheiten oder gar deren beharrliche Leugnung.

Unser Häresiebegriff ist vormodern, meint Sistosesto. Er stammt aus Zeiten, in denen es um Leben und Tod ging, wenn der Glaube auf dem Spiel stand.

Während meiner Amtszeit, sagt Ratzinger, hat sich der Häresiebegriff des Codex jedenfalls als untauglich erwiesen. Heutzutage kann man Theologieprofessoren nicht ohne weiteres als Ketzer verurteilen, auch wenn sie im Widerspruch zu klaren Aussagen des Lehramtes stehen. Diese Leute behaupten einfach, die Theologie des Vatikans sei antiquiert.

Sie ist in Europa entstanden.

Rom liegt immer noch in Europa!

Ja. Wir beide, Sie in Bayern und ich in Österreich, haben unsere heiligen Messen in barocken Kirchen zelebriert, die vor dreihundert Jahren gebaut wurden. Das ist die Kultur, an denen unser Herz immer noch hängt. Erklären Sie das einmal den Katholiken auf Sri Lanka.

Das katholische Glaubensbekenntnis ist nicht barock.

Die Lehre von der allerheiligsten Dreifaltigkeit ist ohne griechische Philosophie nicht denkbar. Wir müßten eine Sprache finden, die sich der Vielfalt menschlicher Kultur öffnet. Solange ich diese Sprache nicht beherrsche, halte ich lieber den Mund.

Von Ihnen wird erwartet, Heiligkeit, daß Sie den katholischen Grundkonsens artikulieren. Er droht sich ohnehin aufzulösen.

Der Katechismus der katholischen Kirche aus dem Jahr 1993 hat 816 Seiten, Eminenz. Soll ich die alle herunterbeten?

Der Papst repräsentiert die höchste Autorität in den Fragen des Glaubens und der Sitten!

Im Register des Katechismus vermisse ich, um ein Beispiel zu nennen, das Wort Gentechnologie. Auch das Internet hat der Katechismus ausgelassen. Rom ist nicht mehr das Zentrum der Welt. Für die Chinesen ist die Frage, ob der Papst unfehlbar ist oder nicht, vollkommen uninteressant. Für mich übrigens auch, unter uns gesagt.

Das ist gefährlich, Heiligkeit!

Mag sein. Ich kann mich nicht so richtig als Steuermann sehen, der das Schifflein Petri auf Kurs hält. Ich mag meine Anhänglichkeit an die katholische Sache nicht ununterbrochen beteuern. Es genügt, wenn diese Anhänglichkeit sich zeigt, indirekt sozusagen. Wahrscheinlich bin ich nicht energisch genug, wenn es um den sogenannten Grundkonsens geht, wie Sie ihn nennen, Eminenz. Sobald ich ihn definiere, grenze ich mich ab. Definieren heißt abgrenzen. Ich grenze mich ungern ab. Ohne Abgrenzungen verlieren wir unser Identität, sagt der Kardinal Ratzinger.

So geht das Gespräch noch eine Weile hin und her, und der Pressesprecher ist unzufrieden. Ratzinger hat sich bedeckt gehalten, meint der Pressesprecher. Er wollte sichtlich vermeiden, einen amtierenden Papst der Häresie zu bezichtigen. Vielleicht erinnern sich Eure Heiligkeit an die Rezension Ihres Jesusbuches durch keinem Geringeren als Hans Urs von Balthasar, mit dem verglichen Ratzinger theologisch eine taube Nuß ist. Für Holl ist das dogmatische und kirchliche Christentum absolut erledigt, schrieb von Balthasar, er sollte wohl für sich und seine Lebensstellung die Konsequenzen daraus ziehen. Kirchliches Priestertum ist für ihn widersinnig.

Hoffentlich liest das niemand, sagt Sistosesto.

Warten Sie, Heiligkeit. Um weiterzukommen, so von Balthasar, versucht Holl, die Kategorien der Soziologie heranzuziehen, und die Ergebnisse sind gar nicht verächtlich. Der Verfasser hat sich zu einer Position durchgerungen, viele Schiffe hinter sich verbrannt, das wird schonungslos gesagt. Dort, wo er jetzt steht, redet er sehr vorsichtig. Warum Holl seine Wahl bestreiten?

Was für eine Wahl?

So wie Jesus zu einem gesellschaftlichen und damit auch kirchlichen Außenseiter zu werden.

Letzteres war ich in der Tat, sagt Sistosesto. Ob ich das bewußt gewählt habe, ist eine andere Frage.

Lenken Sie bitte nicht ab, Heiligkeit. Jede Zeile mit Ihrem Namen wird früher oder später aus den Archiven auftauchen. Bereits im Jahr 1971 schrieb von Balthasar: Der kirchlich-dogmatische Christusglaube ist für Holl restlos erledigt, auch im Neuen Testament selbst.

Ich sollte das besser nicht kommentieren, meint Sistosesto. Da, wo ich jetzt stehe, rede ich sehr vorsichtig. Außerdem müssen Sie wissen, daß mein Jesusbuch in Lateinamerika unter den Befreiungstheologen ein Hit war. Es hat Raubdrucke gegeben, und Bischöfe haben es auf der Kanzel gelobt. Die Sache mit den verbrannten Schiffen hat eher die Geheimpolizei interessiert, zum Beispiel in Guatemala City. Reden Sie einmal mit dem Kardinal Boff darüber.

Boff ist unter Ratzinger gemaßregelt worden. Jetzt ist er Kardinal.

Solve et coagula, sagt Sistosesto in der Kapelle des Schweigens zu seinen engsten Vertrauten. Das steht auf meinem Wappen, das ist mein Programm. Auflösen und zusammenbringen. Ein vieldeutiges Motto, das an den Stein der Weisen erinnert und an die geheimnisvolle Tinktur, welche Blei in Gold verwandelt. Mit den internationalen Reaktionen auf die Beratungen des Außerordentlichen Consistoriums bin ich nicht unzufrieden. Das religiöse Erbe der Menschheit, daran zweifelt niemand, sollte nicht leichtfertig verschleudert werden. An der Frage, wie es seine Gestalt verändern kann, um den künftigen Generationen dienlich zu sein, schieden sich die Geister. Wie steht es mit den Vorbereitungen auf den Kongreß der tausend Theologen?

Er soll zwischen Weihnachten und Neujahr stattfinden.

Sehr gut. Ich hätte ein schönes Motto für die Tagung, aus dem »Endspiel« von Samuel Beckett: Es geht zu Ende.

Das klingt nicht sehr optimistisch.

Knapper läßt sich die Substanz des biblischen Weltverständnisses nicht ausdrücken. Zeit heißt Frist, hat der ordinierte Rabbiner und Religionsphilosoph Jacob Taubes geschrieben. Wer christlich zu denken glaubt und dies ohne Frist zu denken glaubt, ist schwachsinnig.

17

Langsame Tage in Castelgandolfo. Mitunter läßt sich das Papstsein durchaus genießen, mein Engel. Ich kann Leute einladen, die ich gern kennengelernt hätte, den Kunstkritiker Robert Hughes *(Time)* zum Beispiel. Brancusi, Kandinsky und Mondrian waren keine praktizierenden Katholiken, meint Hughes, sondern Theosophen. Das wirft ein Licht auf die Rolle der Religion im 20. Jahrhundert.

Die Säle mit den Bildern der christlichen Gegenwartskunst in den Vatikanischen Museen würde Sistosesto am liebsten zusperren lassen. Abgesehen von Rouault und Bacon ist dort niemand vertreten, dessen Qualität wenigstens halbwegs zu den Schätzen der päpstlichen Sammlungen paßt, zur Laokoon-Gruppe oder der Verklärung Christi von Raffael. Offensichtlich hatten die Päpste in den letzten zweihundert Jahren keinerlei Kunstsinn. Je braver sie waren, meint Sistosesto, desto schlechter wurde ihr Geschmack.

Meine Privatgemächer im Vatikan hätten Sie sehen sollen, sagt Sistosesto zu seinem Gast, als ich dort einziehen mußte. Eingerichtet wie die Wohnung eines Gymnasialdirektors aus der Provinz im Jahr 1890. Dabei ist in Italien der *disegno* zu Hause. Wie gefällt Ihnen übrigens Ihr Zimmer?

Ich darf gratulieren, sagt der Gast aus Amerika.

Wir hätten 1997 nach Berlin fahren sollen, sagt Sistosesto zu seiner Dottoressa. Dort haben sie in ihrer Ausstellung über die Moderne das abstrakte Malen als spirituelles Programm aufgefaßt. Kandinsky, Delauney, Malewitsch, Tatlin, Rodtschenko, Mondrian, Brancusi, Newman, Pollock, de Kooning, Klein, Fontana, Twombly, Manzoni, Rothko, Judd, Flavin, Serra, Förg. Kannst du dich an die Pollock-Ausstellung in Paris erinnern?

Du hast sie unbedingt sehen wollen.

Ja. Einen Pollock hätte ich gern in meiner Kapelle des Schweigens.

Zu teuer?

Wenn sich herumspricht, meint der Gast aus Amerika, daß Eure Heiligkeit ein Interesse an der Kunst des 20. Jahrhunderts haben, wird die Branche aufhorchen. Tauschgeschäfte sind üblich. Denken Sie nur an die Handschriftensammlung der vatikanischen Bibliothek. Außerdem gibt es genug Privatsammler, die sich durch eine Schenkung an den Vatikan verewigen möchten. Wenn Sie wollen, telefoniere ich ein wenig herum.

Ein paar Barockschinken würde ich ohne weiteres hergeben, sagt Sistosesto, für die eine oder andere Arbeit von William Blake beispielsweise.

Damit sind wir bereits mitten im Geschäft.

Wie gesagt, Papstspielen kann auch schön sein, mein Engel. In Kunstangelegenheiten ist mein Teufel vollkommen hilflos.

Auch mit dem französischen Soziologen Pierre Bourdieu würde ich mich gern unterhalten. Der Gelehrte suchte und fand die Herkunft ästhetischer Urteile in bestimmten Milieus – den aristokratischen, kleinbürgerlichen, proletarischen Lebenswelten und deren Bevorzugungsregeln beim Essen und Trinken, bei der Wahl eines Teppichs, im Schuhgeschäft, vor dem Fernseher, am Schalter des Reisebüros. Auch in der Kirche?

Der Duft in San Marco ist ganz unvergleichlich, meint Sistosesto, völlig trocken, was bei dem vielen Wasser in Venedig schon recht merkwürdig ist. Ich achte immer auf den Geruch einer Kirche. Der Petersdom gibt diesbezüglich nicht viel her. Zu viele Touristen? In San Marco gibt es auch viele Touristen, aber der

Duft der Kerzen und Lämpchen, des Weihrauchs und vieler alter Hölzer ist stärker. Was sagen Sie zu Lourdes, Professor?

Eine Apotheose des französischen Kleinbürgertums.

Die Kirchen des Großbürgertums waren die Opernhäuser.

Auf jeden Fall im 19. Jahrhundert.

Ohne Aristokratie gäbe es keinen Vatikan und kein Castelgandolfo. Sollen wir auf die alten Adelsgeschlechter trinken?

Warum nicht.

Schade, daß Leonard Bernstein nicht mehr unter uns weilt. Sistosesto erinnert sich an einen Traum, in dem Bernstein bestens gelaunt und als Kardinal gekleidet auf dem Trittbrett eines Oldtimers dahinfuhr. Lachte er über den Sieg der Sklavenmusik? Vorbei die Zeiten, in denen ein Palestrina für die päpstliche Kapelle komponierte. Dagegen sind die Jazzmessen doch eine matte Sache, sagte Sistosesto zur Dotteressa. Ich hätte gern gewußt, warum die katholische Kultur in letzter Zeit so unproduktiv ist. Als ich jung war, gab es immerhin noch Autoren wie Claudel und Bernanos, die Le Fort und die Langgässer, Graham Greene und Evelyn Waugh. Damals hat ein französischer Dominikaner* gegen den

* Marie-Alain Couturier (1897–1954).

Zuckerbäckerstil polemisiert und Leute wie Le Corbusier, Matisse, Braques, Chagall, Léger und Manessier dazu gebracht, Sakralkunst zu machen. Wann waren wir in Ronchamp?

Das wird 1975 gewesen sein. Du hast dort eine Messe zelebriert, gemeinsam mit einem Franzosen, am Hochaltar.

Ich wäre lieber in eine Seitenkapelle gegangen.

Der Papst hört mit! Unter den Angestellten von Radio Vatikan spricht es sich rasch herum, daß Sistosesto neuerdings ihre Sendungen verfolgt, draußen in Castelgandolfo, beim Blättern in theologischen Zeitschriften oder Ausstellungskatalogen. Er hat Unterlagen angefordert. Das jährliche Defizit beträgt dreißig Millionen Mark.

Streng genommen müßte unser Radio das beste auf der Welt sein, meint Sistosesto zu den Jesuitenpatres, die den Sender leiten. Er hat sie zum Mittagessen eingeladen.

Wie meinen Sie das, Heiligkeit?

Immerhin sind wir derzeit noch immer der größte Religionskonzern auf Gottes Erdboden. Da sollte es Hörspielpreise nur so regnen. Wenn die Päpste wirklich Stellvertreter Christi sind, dann müßten wir ein göttliches Programm zusammenbringen, meine Herren. Kultiviert, einfallsreich, provokant, kritisch, unterhaltsam, interessant. Was ich gehört habe, war erbaulich, beflissen, mittelmäßig. Nicht einmal die Berichterstattung aus dem Vatikan ist professionell gemacht.

Wir dürfen nur das bringen, was offiziell ist.

Unsinn. Schicken Sie ein paar Leute nach London, damit sie lernen, wie man Radio macht. Wenn sich jemand aufregen sollte, dann berufen Sie sich auf mich. Sagen Sie, der Heilige Vater möchte mehr Offenheit auf den vatikanischen Frequenzen.

Das haben wir uns schon lange gewünscht, sagen die Jesuiten.

Die katholische Kultur ist verwechselbar geworden, sagt Sistosesto zu den Damen und Herren aus den Chefetagen der internationalen Medienkonzerne, die für einen Tag nach Castelgandolfo gekommen sind. Seit dem Barock ist es uns nicht mehr gelungen, einen originellen Stil zu entwickeln, mit dem wir uns identifizieren könnten. Alle Versuche in dieser Richtung bleiben epigonal, partikulär, parasitär. Denken Sie an Sacré-Coeur auf dem Montmartre in Paris oder an die Saint Patrick's Kathedrale in New York, an all diese historistischen Sachen. Danach haben sich die Kirchenarchitekten an der Sachlichkeit orientiert, was ebenfalls nicht sonderlich originell war. Was mich anlangt, so verspüre ich nicht die Spur eines Bauwillens. Meinen Vorgängern ist es diesbezüglich auch nicht viel besser ergangen. Was ist da los? Habe ich einen altmodischen Kulturbegriff? Mich stört jedenfalls, daß ich dem Schwachsinn, den Sie produzieren, meine Damen und Herren, nichts entgegenzusetzen habe.

Ist das der Grund, warum Sie so selten im Fernsehen auftauchen?

Im Spätsommer 1974 hat Papst Paul VI. in Castelgandolfo eine hellsichtige Rede gehalten, die kaum Beachtung gefunden hat. Nur Pier Paolo Pasolini ist damals im *Corriere della sera* auf sie eingegangen. Er schrieb, daß der Papst in ungeschminkter Aufrichtigkeit deutlich gemacht hatte, daß die Kirche von der Welt überholt worden ist, daß ihre Rolle sich als fragwürdig, ja überflüssig erweist, daß die wirklichen Herrschaftszentren sie nicht mehr benötigen. Das ist auch meine Auffassung. Pasolini ging dann auf das Verhältnis der katholischen Kirche zum Fernsehen ein. Wie ist es möglich, schrieb der Filmkünstler ein Jahr vor seinem Tod, daß die Kirche weiterhin dieses Fernsehen akzeptiert, dessen Irreligiosität sie attackieren müßte? Ihre prunkvoll vom Fernsehen übertragenen Feierlichkeiten werden nichts als gigantisch hohle Folkloreveranstaltungen sein.

Aber Johannes Paul II. war doch sehr fernsehfreundlich!

Es war tatsächlich ein guter Schauspieler. Ob er damit der Sache Christi gedient hat, lasse ich offen. Über Tote soll man nicht schlecht reden. Im übrigen hat Gott ausdrücklich verboten, Bilder zu fabrizieren. Eigentlich müßte ich Sie alle miteinander exkommunizieren.

Eure Heiligkeit belieben zu scherzen.

Sie können beruhigt sein, meine Damen und Herren. Die katholische Kirche hat sich nie an das biblische Bilderverbot gehalten. Vielleicht wird sie jetzt dafür bestraft.

18

Post aus Lateinamerika. Der handschriftliche Brief, den Sistosesto in Händen hält, stammt zweifelsfrei von Evaristus II. Die Schrift ist etwas zittrig, der Inhalt nicht. Ein Straßenjunge hat die Botschaft in der brasilianischen Nuntiatur abgegeben.

Es war wie ein Erwachen aus tiefem Schlaf, schreibt Evaristo, als das Gegengift zu wirken begann. Zum Glück hatte Monsignore Cirne-Lima noch ein Fläschchen mit dem Gift bei sich, das er mir in den Kaffee mischte. Die Substanz wurde von Ethno-Pharmakologen analysiert, und dann war es nur noch eine Frage der Zeit, bis das Gegenmittel mit der Hilfe erfahrener Priesterinnen des Candomblé zusammengestellt werden konnte. Meine Erinnerung an die wochenlangen Riten, die meine Genesung einleiteten, ist schattenhaft. Bäder, häufiges Wechseln der Kleider, Massagen, Litaneien, Besprengungen mit Rum. Bilder aus meiner Kindheit kehrten wieder, ich spürte die Brüste meiner Mutter auf meinen Lippen, mein Glied stellte sich auf. Dann wiederum stand ich unter dem Kreuz, als Priester gekleidet, und das Blut Christi überströmte mich wie ein Schwall. Noch bin ich ein wenig klapprig, doch freue ich mich auf ein Wiedersehen. Vorgestern habe ich von den Apostelfürsten Petrus und Paulus geträumt, wie sie von ihren Postamenten auf dem Petersplatz herunterstiegen und in Richtung Tiber davonstapften. Auf bald!

Zwei Päpste?

Im milden Herbstlicht von Castelgandolfo sitzt Sistosesto mit den eilig eingeflogenen Kardinälen Küng, Boff und Drewermann beisammen, um die neue Lage zu besprechen. Wenn Evaristo eine Verzichtserklärung unterschreibt, ist die gewohnte Ordnung intakt. Andererseits erweist sich die Idee von einem doppelten Prinzipat über die Catholica als sehr alt und ehrwürdig. Petrus als oberster Hirt, Paulus als oberster Lehrer. So sah es zum Beispiel der Dichter und Theologe Venantius Fortunatus, gestorben um 600 herum. *Princeps clave Petrus, primus quoque dogmate Paulus.* Tausend Jahre später erinnerte der französische Priester und Gelehrte Antoine Arnauld (1612–1694) an die Auffassung von Petrus und Paulus als den prominentesten Koryphäen der Kirche, was ihm eine Zensur von Papst Innozenz X. eintrug. Dabei besteht kein Zweifel daran, daß die Christen in Rom von allem Anfang an zu Petrus und Paulus gemeinsam gebetet haben, wie zu Zwillingen in der Gunst des jenseitigen Christus. Ihr Fest am 29. Juni weist auf ein gleichzeitiges Martyrium an diesem Tag hin und ist bereits für das 3. Jahrhundert belegt, als das Christentum noch sehr jung war. Dazu kommt, daß die Alleinherrschaft des Petrus und seiner Nachfolger bibeltheologisch und überlieferungsgeschichtlich auf sehr schwachen Beinen steht. In Rom kam erst ab 150 eine Art von Bischof an die Spitze des ursprünglich kollegialen Leitungsgremiums der Christengemeinde, wie man inzwischen weiß. Und erst hundert Jahre später dachte der römische Bischof daran, sein Amt auf den heiligen Petrus zurückzuführen.

Besten Dank, sagt Sistosesto zum Präfekten der Glaubenskongregation, den er um ein Kurzreferat zur Entstehung des päpstlichen Primats gebeten hatte. Womöglich müßte der heilige Petrus sein Prestige nicht nur mit Paulus, sondern auch mit den Aposteln Johannes und Jakobus teilen, wenn bestimmte frühchristliche Texte beachtet werden.

So ist es, sagen die Kardinäle Küng und Drewermann.

Eventuell ließe sich demnach sogar an eine Tetrarchie von Päpsten denken, an eine Viererbande sozusagen, wie sie im römischen Weltreich von 293 bis 305 funktionierte, mit Diokletian als Senior Augustus. Ein Papst für Europa, einer für den Nahen Osten und Afrika, einer für die beiden Amerikas, einer für Asien.

Und Rußland?

Die Orthodoxie verfügt ohnehin über traditionsreiche Patriarchate. Da sollten wir uns besser heraushalten.

Vielleicht darf ich darauf hinweisen, meint der Präfekt der Glaubenskongregation, daß der Primat des römischen Bischofs vom Ersten Vatikanischen Konzil anno 1870 als katholisches Dogma definiert worden ist.

Die Irrtümer des kirchlichen Lehramtes sind zahlreich und schwerwiegend, sagt Kardinal Küng.

Und wozu brauchen wir eigentlich zwei oder gar vier Päpste, fragt der Sizilianer aus dem Staatssekretariat.

Wenn Evaristo sich entschließen könnte, in Lateinamerika zu residieren, meint Kardinal Boff, dann wäre das eine enorme Aufwertung unserer Kultur gegenüber dem gängigen Eurozentrismus.

In einer Viererbande würde eine Frau nicht so stark auffallen wie eine Päpstin unter den gegenwärtigen Bedingungen, sagt die Cubicularia.

Eine Apostolische Constitution über das künftige Papsttum, sagt der Privatsekretär, müßte jedenfalls von Sixtus VI. und Evaristus II. gemeinsam unterfertigt werden.

Allerdings, sagt Sistosesto. Ein Entwurf wäre nützlich. Kardinal Küng war schließlich Dogmatikprofessor.

Das mache ich mit Vergnügen, sagt Küng.

Zum Abendessen gibt es gedämpften Lachs, verkündet Sistosesto und marschiert zufrieden in die Küche.

19

Die Sache mit den zwei Päpsten läßt meinen kleinen Teufel aufhorchen, denn ohne großes Spektakel läßt sich die neue Doppelherrschaft kaum unter die Leute bringen. Mein Teufel mag Massen-Events aller Art, faschistische und kommunistische zum Beispiel brachten ihn zum Jauchzen, aber auch die katholischen Weltjugendtage unter Johannes Paul II. gefielen ihm ausnehmend gut. Sie wurden von »bestimmten Bewegungen« organisiert, wie Kardinal Ratzinger sie wohlwollend nannte, den sogenannten Focolaren und Neo-Katechumenen etwa, mit viel Schwung, Gesang und Geschrei.

Mein Engel betrachtet die Bewegungen als Gehirnwäschereien, und deswegen hat Sistosesto die Focolaren aus dem Audienzsaal von Castelgandolfo hinauskomplimentiert, den ihnen der polnische Papst zur Nutzung für ihre internationalen Zusammenkünfte überlassen hatte. Seitdem schmollen die Erweckungsvereine ein wenig, müssen aber stillhalten, weil sie den Nachfolgern Petri ihre kindliche Ergebenheit geschworen haben.

Das Arrangement der Rückkehr von Evaristus II. nach Rom läßt die vatikanische Propagandamaschine auf Hochtouren kommen. Bereits die Nachricht, Evaristus II. sei in einem von seiner Schwester gelenkten Auto vor der Residenz des Erzbischofs von Sao Paulo aufgetaucht, am letzten Sonntag im Oktober, ist selbstverständlich ein Welthit. Dann die ersten Bilder vom genesenen Pontifex, im Habit der Franziskaner, beim Besuch eines Elendsviertels der brasilianischen Metropole. Seine Worte an die Bevölkerung: Ich werde euch nicht im Stich lassen. Das Bulletin der Fachärzte, die Evaristus untersucht haben. Von Alzheimer keine Spur. Über die Vorgänge nach seiner Entführung möchte Evaristus vorläufig nichts sagen. Ein Weißbuch über die Hintergründe seiner Vergiftung sei in Vorbereitung. Jawohl, er habe vor, bald nach Rom zu reisen. Rücktrittsabsichten? Nein, keine. Und was geschieht mit Sixtus? Wir stehen miteinander in ständiger Verbindung. Was wir der Welt mitzuteilen haben, sagen wir besser gemeinsam. Wann wird das sein? Am dritten Sonntag im Advent.

Freuet euch! Mit dieser Aufforderung beginnt der Gottesdienst des dritten Adventsonntags, und entsprechend fröhlich soll die Inszenierung des Wiedersehens der beiden Päpste ablaufen, rosarot wie die liturgische Farbe der vorweihnachtlichen Festlichkeit. Um acht Uhr morgens Ankunft von Evaristo in Fiumicino, erste Umarmung, gemeinsame Fahrt zu den Katakomben von San Sebastiano an der Via Appia, zum Zweck der Andacht in der dortigen »Memoria Apostolorum« unter der Erde, dem ältesten Ort der Erinnerung an das glorreiche Martyrium von Peter und Paul, denen der jenseitige Herr Jesus bereits die Ehrenplätze neben seinem Thron reserviert hatte.

Nach dem Brauch von einst nehmen die Besucher den rituellen Imbiß in der Gedenkstätte zu sich, das *refrigerium* zur Stärkung der Lebenden und der Toten, begleitet von einem Schluck Wein, während oben in der Basilika das dreimalige *feliciter* intoniert wird. Glück auf!

Die nächste Station ist San Giovanni in Laterano, wo seit tausend Jahren die Kopfreliquien der Apostelfürsten aufbewahrt sind. Wie in jedem Reiseführer vermerkt ist, wurden die beiden Totenschädel anno 1306 in einen gotischen Baldachin über dem Papstaltar eingebaut, wo sie auf den Jüngsten Tag warten, auf die Auferstehung des Fleisches. Unter dem

Ciborium pontifizieren Evaristo und Sistosesto gemeinsam eine heilige Messe. Die Homilie hält Kardinal Küng, über eine Stelle im Markusevangelium, wo von einem Streit unter den Schülern des Herrn Jesus die Rede ist, wer von ihnen der Größte sei. Die Frage nach der apostolischen Hackordnung ist so alt wie das Christentum, und die Antwort im Sinn kirchlicher Befehlsketten kann sich mitnichten auf den Nazarener berufen, sagt Kardinal Küng.

Gegen Mittag treffen die beiden Päpste auf dem Petersplatz ein, winken von ihren Sänften den jubelnden Massen zu, tauschen den Friedenskuß mit zwei Dutzend Patriarchen, die ihren Titel ins erste Jahrtausend zurückverfolgen können, griechischen, syrischen, koptischen, russischen, lateinischen, melchitischen, chaldäischen, armenischen Würdenträgern, erscheinen dann auf der Loggia. Es folgt die Verlesung der Bulle »Sarcina dignitatis*«, in welcher die gegenwärtige Doppelregentschaft zweier Päpste als Wink der göttlichen Vorsehung begrüßt und als Weiterführung altkirchlicher Traditionen dargestellt wird.

Den Segen für Rom und die ganze Welt singen Evaristo und Sistosesto gemeinsam und begeben sich anschließend zum Mittagessen mit

* Die Bürde der Würde

den Patriarchen, das im Apostolischen Palast vorbereitet ist.

Nicht einmal das Begräbnis von Lady Diana erreichte die Einschaltquote vom heutigen Tag, bemerkt der Pressesprecher des Vatikans im Gespräch mit einer Gruppe japanischer Journalisten.

20

Der Kongreß der tausend Theologinnen und Theologen wird am 27. Dezember eröffnet, dem Festtag des heiligen Apostels und Evangelisten Johannes, mit einem Referat von Umberto Eco. Der berühmte Mann spricht über religiöse Skepsis, über Heiterkeit und Ironie im theologischen Diskurs, über den Sinn alles Geschriebenen. Die harte Frage, sagt Eco, ob Schrift, auch heilige Schrift, stets einen Sinn ergibt, oder mehr als einen, vielleicht sogar viele Sinne, womöglich auch gar keinen Sinn, wird auf die Dauer schwer zu umgehen sein. Wer sich ihr stellt, wird die meisten Texte mit innerem Vorbehalt lesen, selbst wenn es die eigenen sind. So entsteht Ironie. Wenn sie in der theologischen Prosa auftaucht, ist das ein ausgesprochener Glücksfall.

In der anschließenden Plenardiskussion meldet sich Kardinal Boff zu Wort. Theologie zielt immer auf Praxis ab, sagt der in Jeans und Polohemd erschienene Kirchenfürst, in der Praxis erweist sich ihre Leistungsfähigkeit. Es kann nicht damit getan sein, mit dem Schlüssel der Heilsgeschichte die Welt zu interpretieren, vielmehr kommt es darauf an, sie im Licht der Utopie Christi zu verändern. Eine Theologie, die vor dieser gewaltigen Aufgabe zurückschreckt, muß zynisch werden.

Nicht unbedingt, entgegnet Kardinal Drewermann. Ihre Theologie, Kollege Boff, gibt sich dem erstaunlichen Glauben hin, die Menschheit als ganze verbessern zu können, statt zunächst den langen Weg therapeutischer Durcharbeit vom Einzelmenschen zur Allgemeinheit zu durchmessen. Wir benötigen die Einbeziehung von Psychoanalyse und Psychotherapie in den Diskurs der theologischen Hauptdisziplinen.

Kardinal Drewermann benutzt die Psychoanalyse als Methode zur Befreiungsarbeit, sagt Dorothee Sölle. Allerdings traut er der ägyptischen Tradition von Traum und Traumdeutung mehr als der biblischen Forderung nach Recht und Gerechtigkeit. Angst wird, so habe ich es jedenfalls erfahren, nicht nur auf der Couch benannt und erkannt, sondern auch im politischen Widerstand.

Der Start war recht interessant, meint Sistosesto in der Kaffeepause zu Evaristo.

Durchaus, sagt Evaristo. Ich bin schon neugierig auf das nächste Hauptreferat über den Kapitalismus als letzte Anstrengung des Antichrists. Kennen Sie die Referentin?

Leider nein, sagt Sistosesto. Sie hat über Petrus Johannis Olivi* gearbeitet, besonders über dessen Postille zur Apokalypse.

Der gute Olivi, seufzt Evaristo. Warum mußte er ausgerechnet den Papst als Antichrist identifizieren?

Grund genug für eine theologische Gewissenserforschung, sagt Sistosesto.

Die beiden Päpste sind übereingekommen, dem Kongreß der Tausend ihre Absicht mitzuteilen, bald ein Allgemeines Konzil einzuberufen und alle christlichen Kirchen einzuladen, daran teilzunehmen, in Sao Paulo, wohin Evaristo übersiedeln wird. Schließlich ist die Stadt nach dem Völkerapostel benannt. Hätte Sankt Paulus bessere Landkarten gehabt, er wäre bestimmt von Spanien aus nach Westen gesegelt, um den Indianern zu erzählen, daß demnächst die Welt untergeht.

* Franziskanertheologe (1248–1298).

Meine Damen und Herren, beginnt die Referentin, die christliche Apokalypse ist eines der gefährlichsten Bücher der Menschheit.

Während die Dame weiterspricht, fliegt aus dem Saal, geworfen aus einer der hinteren Reihen, ein kleiner Gegenstand durch die Luft und bleibt wenige Meter vor dem Rednerpult liegen. Sofort gibt es einen blendenden Blitz, gefolgt von dichtem gelblichen Nebel, der sich rasch ausbreitet. Nur keine Panik, ruft Evaristo, es besteht keine Gefahr, bleiben Sie alle auf den Plätzen, es handelt sich offenbar um einen schlechten Witz.

Dann, unter allgemeinem Gehuste, hebt sich der Nebel so schnell, wie er gekommen ist; ein paar Schweizergardisten stürmen herein und stellen sich mit gekreuzten Hellebarden vor die beiden Päpste, bis schließlich ein Sicherheitsbeamter zum Mikrofon findet, um eine Pause zur Sicherung möglicher Spuren anzusagen.

Deo gratias, flüstert der Kardinalstaatssekretär den Päpsten zu. Eine bessere Publicity hätten wir uns gar nicht wünschen können. Sobald ich den Blitz gesehen habe, sagt Evaristo, wußte ich Bescheid. Ein hoher Polizeioffizier hat mir einmal erzählt, daß sie dieses Teufelszeug benutzen, wenn sie Geiselnehmer ausschalten wollen. Ich bin schon neugierig, sagt der Pressesprecher, ob sich jemand zu dem Anschlag bekennt.

Der Mann hatte sich einen Eckplatz ausgesucht, neben mir, sagt eine Klosterfrau in die Fernsehkameras. Er war als Priester gekleidet, im schwarzen Talar, und könnte aus Deutschland stammen.

Sein Italienisch hatte einen leichten Akzent. Wir haben nur ein paar Worte gewechselt. Dunkle Haare, eher schlank, um die Vierzig, mittelgroß. Er ist sofort hinausgelaufen, nachdem er das Ding geworfen hat.

Ja, das könnte er gewesen sein, sagt ein Journalist. Wir haben draußen eine Zigarette geraucht, ein paar Kollegen und ich, als der Mann auftauchte. Ein Attentat, hat er gerufen, wo sind die Carabinieri, und ist weitergerannt.

Exakt zum Zeitpunkt des Anschlags hat sich eine anonyme Stimme in der Redaktion des *Corriere della Sera* gemeldet: In der Nervi-Halle ist soeben eine Explosion ausgelöst worden, von uns. Wir übernehmen die Verantwortung. Es lebe Pius der Neunte!

Unter dem Bekennerschreiben, das bald darauf eintrifft, steht »Pii IX. Cohors«. Wir, die Kohorte des neunten Pius, so der Text, sind empört darüber, daß ein Apostat wie Eco vor einem theologischen Kongreß auftreten darf. Das konnte nur deshalb sein, weil zwei Häretiker das Papsttum okkupiert haben, zum Schaden der von uns so heiß geliebten katholischen Kirche. Die Lage ist ernst. Wir können nicht dulden, daß die ehrwürdigsten Traditionen verspottet, unumstößliche Glaubenswahrheiten vergessen, christliche Grundsätze mit Füßen getreten werden. Schon ist die Rede davon, Frauen zum Dienst am Altar zu weihen, Bischöfe vom Volk wählen zu lassen, mit Protestanten die heilige Messe zu feiern. Es ist höchste Zeit, abermals alle die Irrtümer zurückzuweisen, welche Papst Pius IX. in seinem Syllabus so lichtvoll erkannt und zusammengefaßt hat, um sie mit fester Hand in die Schranken zu weisen. Die Unbeugsamkeit dieses wahrhaft heiligen Vaters, der seine letzten Jahre als Gefangener im Vatikan verbringen mußte, ist unser Vorbild. Es lebe die militante Kirche!

Zu Beginn der Nachmittagssitzung des Kongresses der Tausend gibt der Pressesprecher des Vatikans bekannt, daß der Störenfried vom Vormittag, ein gewisser Piero Illuminati, bereits gefaßt worden ist, dank der Wachsamkeit eines Schweizergardisten in Zivil, dem der davonrennende Priester verdächtig erschien. Zur Zeit werde der Mann von der italienischen Staatspolizei verhört. Weitere Verhaftungen stünden bevor. Von der »Kohorte Pius IX.« wäre lediglich bekannt, daß im kroatischen Wallfahrtsort Medjugorje Flugblätter mit ihrem Wappen aufgetaucht seien, einem von sieben Schwertern durchstochenen Herzen.

Unter den Delegierten des Kongresses gibt es auch Fachleute für religiöse Subkulturen, Sekten und Geheimbünde. Diese Szene wird immer verrückter, sagt ein Experte zu den Reportern, und die Gewaltbereitschaft nimmt zu. Denken Sie an die Entführung von Evaristus II. und an die Spekulationen darüber, von welcher Seite die Sache eingefädelt wurde. Wir tappen diesbezüglich noch immer im Dunkeln, auch wenn das Ende der Geschichte durchaus erfreulich ist.

Was bedeuten die sieben Schwerter?

Das ist ein Hinweis auf den Kult der sogenannten Sieben Schmerzen Mariens, der bis 1960 im katholischen Festkalender verankert war.

Im Bekennerschreiben ist von einem Syllabus die Rede.

Das ist eine Auflistung von achtzig Thesen, die päpstlicherseits im Dezember 1864 zurückgewiesen wurden. Verurteilt wurden unter anderem sozialistische, kommunistische, liberale Auffassungen, der Fortschrittsgedanke, die Ziviltrauung. Für Pius IX. war so ziemlich alles, was seit der französischen Revolution passiert war, beklagenswert.

Und deswegen wirft heutzutage jemand eine Rauchbombe?

Das kann durchaus sein. Um 1910 herum agitierte von Rom aus die Geheimgesellschaft eines gewissen Monsignore Benigni gegen Bischöfe, die ihr zu modernistisch erschienen. Während des Kalten Krieges wurden sogenannte Linkskatholiken diffamiert. Die Traditionalisten wehren sich gegen alles, was ihre Geborgenheit in einem autoritären Glaubenssystem bedroht. Von einer Kohorte des neunten Pius habe ich allerdings bis jetzt noch nichts gehört.

Der Zwischenfall vom Vormittag, sagt Kardinal Küng, erinnert uns daran, daß unsere gegenwärtigen theologischen Probleme mit dem päpstlichen Primat in der Tat auf Pius IX. zurückgehen. Als Präsident des Kongresses eröffne ich die zweite Plenarsitzung und bitte um das Referat über den antichristlichen Kapitalismus.

Am Abend gibt der italienische Innenminister bekannt, daß der Tatverdächtige unter falscher Identität eingereist sei. Es handle sich um einen Fernsehtechniker aus Österreich, zur Zeit ohne Anstellung, dessen Name noch zurückgehalten werde. Ebenfalls in Haft befinde sich seine Komplizin, eine ehemalige Pfarrersköchin aus Braunau am Inn, und eine dritte Person, von der bislang nur der Deckname »Graf Bobby« bekannt sei. Das Trio sei geständig und werde von einem römischen Anwalt vertreten.

Der Anwalt wird von einem dickleibigen Prälaten bezahlt, der ebenfalls aus Österreich stammt und auf einem Abstellgleis der päpstlichen Kurie gelandet ist, wegen angeblicher Verführung von Ministranten. Aber das sagt der Innenminister lieber nicht, um den Vatikan aus der Sache herauszuhalten.

Papa Sisto ist sehr betrübt, erklärt der Pressesprecher, daß die Spuren des Gewaltakts vom Vormittag in sein Heimatland führen. Womöglich werde jetzt wieder einmal die Erinnerung an jenen österreichischen Bischof Hudal ausgegraben, der als erklärter Nationalsozialist dem Collegio Teutonico in Rom als Rektor diente. Derlei schwarzbraune Gespenster gehörten jedoch zweifellos der Vergangenheit an.

Am zweiten Tag des Kongresses der Tausend erscheint Sistosesto unangemeldet in einem Arbeitskreis für konstruktivistische Theologie, die in Neuseeland zu Hause ist.

Das sind lauter praktizierende Katholiken, erzählt Sistosesto beim Abendessen in Castelgandolfo, und sie behaupten, der Gegenstand theologischen Denkens sei nicht Gott, sondern der »God-Talk«, wie sie es nennen, also die Spiele der Sprache mit dem Göttlichen.

In Neuseeland sind wir noch nicht gewesen, sagt die Dottoressa. Seit du Papst bist, komme ich nicht mehr aus diesem Castelgandolfo heraus. Nicht einmal nach Taormina können wir fahren.

Mir geht das Reisen auch ab, sagt Sistosesto.

Neuseeland wäre eine gute Idee, sagt die Cubicularia. Die Gläubigen sollen sich daran gewöhnen, daß im Gefolge des Papstes auch Frauen mitfahren. Was ist denn an dieser konstruktivistischen Theologie so interessant?

Sie hat ihre Wurzeln im lebhaften Wien des jungen Philosophen Wittgenstein, sagt Sistosesto, als Karl Kraus seine *Fackel* herausbrachte, Adolf Loos das Haus am Michaelerplatz baute, Sigmund Freud die *Traumdeutung* schrieb, Ernst Mach die Relativitätstheorie vorbereitete, Arnold Schönberg die *Gurrelieder* komponierte, Hugo von Hofmannsthal den *Chandos-Brief* zu Papier brachte. Ohne dieses Wien, in dem alles Gestrige in Frage gestellt wurde, wäre der berühmte *Tractatus* Wittgensteins kaum entstanden, von dem Lord Russell in Cambridge so beeindruckt war, daß er sich um die Drucklegung kümmerte. Damit war die Analytische Philosophie geboren, wie sie später genannt wurde. Sie ist mittlerweile bis nach Neuseeland gekommen. Das sind brilliante junge Leute, und was sie sagen, könnte für das päpstliche Lehramt sehr nützlich sein.

Wieso?

In der neuseeländischen Sicht der Dinge hat sich unser Denken seit seinen Anfängen im alten Griechenland von der Idee leiten lassen, daß es so etwas wie eine absolute Wahrheit gibt, auch wenn wir sie vielleicht nie ganz erfassen können. Damit war ein Jenseitsbezug* hergestellt, der den im Diesseits auftretenden und miteinander streitenden Meisterdenkern die nötige Autorität verlieh. Uns dagegen genügt es, meinen die Neuseeländer, heilige Texte, dogmatische Sätze, ja selbst Naturgesetze wie eine literarische Arbeit zu betrachten, die erst im Entstehen ist. Zum Beispiel wäre Gott bis jetzt als Dreifaltigkeit aufgefaßt worden. Das sei die »geleistete Beschreibung«, die Beschreibung *so far*, auf welche die »noch nicht geleistete Beschreibung« folge, *from now on*.

Damit wäre es möglich, sagt die Cubicularia, die heilige Maria in die Gottheit einzubeziehen, *from now on*.

Ohne das, was *so far* im katholischen Katechismus steht, abzuwerten, sagt der Privatsekretär.

Eure Sorgen möchte ich haben, sagt die Dottoressa. Wann fliegen wir nach Neuseeland?

Die Liste der verschiedenen Theologien, die auf dem Kongreß der Tausend herumschwirren, ist recht stattlich. Dialektische Theolo-

* Vgl. Josef Mitterer, Das Jenseits der Philosophie, Wien 1992.

gie, Prozeßtheologie, Politische Theologie, Gott-ist-tot-Theologie, Narrative Theologie, Befreiungstheologie, Feministische Theologie, Kontextuelle Theologie, Pluralistische Theologie. Besonders in den USA, wo die akademischen Posten hart umkämpft sind, sehen sich die Kolleginnen und Kollegen gezwungen, hinter den neuesten Trends herzuhecheln, um nicht im Abseits zu landen. Entsprechend kunterbunt liest sich das Kongreßprogramm. Die vorgesehene Teilnehmerzahl ist weit überschritten, Ad-hoc-Komitees sitzen bis spät in die Nacht beisammen, formulieren Resolutionen, basteln an Minderheitsvoten. Wer es schafft, in die Nachrichten zu kommen, hat schon viel gewonnen.

Zum Liebling der Medien ist eine zierliche Chinesin aus Hongkong geworden, die auf dem Petersplatz eine riesige Sandkiste installiert hat, wie für spielende Kinder gedacht. Immer wieder werden Passanten eingeladen, etwas in den Sand zu schreiben, immer wieder fächelt die Chinesin dann über das Geschriebene und löscht es aus. Dazu gibt es einen Soundtrack in allen möglichen Sprachen, den ein Endlosband abspielt, mit einer männlichen und einer weiblichen Stimme. Die männliche Stimme sagt, Theologie ist Schrift, die weibliche Stimme sagt, jede Schrift ist Fälschung.

Zu erfahren ist, daß die Künstlerin wegen ihres katholischen Glaubens in Rotchina acht Jahre lang inhaftiert war und während dieser Zeit die *Summa Theologiae* des heiligen Thomas von Aquin auf Latein auswendig gelernt hat. Nach ihrer Entlassung aus dem Arbeitslager hat sie ein theologisches Doktorat erworben, an der Jesuitenuniversität von Tokio, und dann in Seoul gearbeitet.

Ich lese gern in der Niederschrift von der Smaragdenen Felswand, erzählt Frau Li den Journalisten. Das Werk stammt wie die *Summa Theologiae* aus dem Mittelalter, ist jedoch im Gegensatz zur Arbeit des heiligen Thomas von Aquin nicht systematisch geordnet, sondern anekdotisch konzipiert, geradezu surrealistisch im Ton, hintersinnig, sarkastisch, voll von Überraschungseffekten.

Sind Sie Buddhistin oder Katholikin?

Montag, Mittwoch, Freitag bin ich Buddhistin, Dienstag, Donnerstag, Samstag bin ich Katholikin.

Und am Sonntag?

Bin ich Atheistin.

Inzwischen hat Sistosesto mit den beiden Herren telefoniert, denen er die päpstlichen Fischerringe schicken ließ. Ob der Gedanke, an einem Allgemeinen Konzil in São Paulo teilzunehmen, dem Ökumenischen Patriarchen und dem Erzbischof von Canterbury annehmbar erschiene. Wäre es nicht schön, wenn die Einladung zur größten Kirchenversammlung aller Zeiten nicht nur von den beiden katholischen Päpsten, sondern auch vom Ehrenvorsitzenden der Orthodoxie und vom Primas der Church of England ausginge?

Und so wird am letzten Tag des Kongresses der Tausend die Absichtserklärung der beiden Päpste verlesen, innerhalb von fünf Jahren ein Allgemeines Konzil nach São Paulo einzuberufen. Jubelnder Beifall, winkend und segnend verlassen Evaristus II. und Sixtus VI. die Aula. Auf Wiedersehen in Brasilien!

Wenn Neuseeland zu weit ist, sagt Sistosesto zum Privatsekretär, dann könnten wir wenigstens alle miteinander in Luxor Urlaub machen, und zwar bald.

Die Ägypter werden sich bestimmt freuen, sagt der Privatsekretär.

Haben Sie eigentlich eine Freundin?

Einen Freund.

Dann nehmen Sie ihn doch mit.

21

Die Mehrzahl der Gäste auf der Terrasse des »Winter Palace« in Luxor, wo Sistosesto abgestiegen ist, besteht aus Sicherheitsbeamten. Der Blick geht über den Nil nach Theben West zu den Tempeln und Grabanlagen der Pharaonen. Auf dem Tablett mit dem Nachmittagstee für den Heiligen Vater liegt eine Visitenkarte mit einem langen arabischen Namen. Sistosesto liest die Zeilen, die auf der Rückseite der Karte auf Deutsch geschrieben sind:

Solange die Moschee nicht ganz verwüstet ist, wird der Derwische Werk nicht erfüllt sein; solange Glaube und Unglaube nicht völlig gleich sind, wird kein einziger Mensch ein wahrer Muslim werden.

Sistosesto kennt das Zitat. Es wird dem persischen Mystiker Abu Said ibn Abil-Khair zugeschrieben, einem Freund des Philosophen Ibn Sina, und ist fast tausend Jahre alt.

Sistosesto lächelt, und ein Herr am Nebentisch lächelt zurück.

Der Mann muß gute Verbindungen haben, sagt Sistosesto zur Dottoressa. Sonst wäre er hier nicht hereingekommen.

Eure Heiligkeit haben sich über mich informiert, wie ich höre, sagt der Fremde zu Sistosesto. Die beiden spazieren im alten Hotelgarten herum, auf Wunsch des Arabers, der nicht gern abgehört wird. Sagen Sie einfach Emir zu mir, Eure Heiligkeit. Mein Name ist vielleicht zu kompliziert für eine europäische Zunge.

Arabisch habe ich nur ein Semester lang gelernt, sagt Sistosesto, und das liegt ein halbes Jahrhundert zurück.

Gleichwohl spricht aus den Büchern und Schriften Eurer Heiligkeit eine tiefempfundene Sympathie für die islamische Welt, wie wir herausgefunden haben.

Wer ist wir?

Heiligkeit haben sicherlich von der Geheimgesellschaft der Lauteren Brüder gelesen, die vor tausend Jahren in Basra wirkte.

Die *Ichwan as-safa*. Das ist Vergangenheit.

Wer weiß.

Bevor ich Papst wurde, habe ich das eine oder andere Mal in öffentlichen Diskussionen daran erinnert, daß der Islam gut daran täte, sich an bestimmte Denktraditionen aus dem Mittelalter zu erinnern. Vielleicht habe ich dabei auf die Lauteren Brüder hingewiesen.

Wir haben das sehr genau registriert. Heiligkeit werden sich kaum daran erinnern, daß Sie vor zehn Jahren von einem unserer Scheiks besucht wurden.

Der nette junge Mann aus dem Iran? Er hat mir lediglich erzählt, daß er in Wien als Taxichauffeur arbeitet.

Und daß sein Großonkel ein hochrangiger Derwisch ist.

In der Tat.

Der Schnitt und die Farbe Ihres Kleides, Eure Heiligkeit, könnte aus Marrakesch oder Damaskus stammen.

Das war allerdings Absicht.

Man hat es bemerkt.

Auch Ihre Anwesenheit hier in Ägypten wurde als freundliche Geste empfunden. Vielleicht wäre es an der Zeit, weitere Schritte zu tun.

Und die wären?

Wir sind dabei, einen Fernsehsender zu finanzieren, der über Satellit die gesamte islamische Welt erreichen wird. Das Programm soll ausschließlich der religiösen und philosophischen Bildung dienen. Und wir möchten auch christliche und jüdische Experten zur Mitarbeit einladen.

Wie ab 1224 an der Universität Friedrich II. von Hohenstaufen in Neapel, wo Sarazenen, Griechen, Hebräer und Lateiner gemeinsam über den Büchern saßen.

Auch an die friedlichen Jahrhunderte im Kalifat von Cordoba wäre zu denken, wo unser Ibn Roschd seine Aristoteleskommentare verfaßte.

So wie Sie reden, verehrter Emir, könnten Sie der Ismailiya* nahestehen, mit ihrer Unterscheidung zwischen allgemein bekanntem und esoterischem Wissen.

Jedenfalls haben wir ein Sensorium für Gleichgesinnte, auch wenn sie anderen Kulturen und Religionen zugehören. Wir möchten uns an Radio Vatikan beteiligen, Heiligkeit.

Warum?

Weil ich höre, daß fundamentalistische Vereinigungen der katholischen Kirche mit nicht unbeträchtlichen Mitteln auf den Sender Einfluß nehmen möchten.

Sie meinen das Opus Dei?

Ja. Von solchen Kreisen steht für den christlich-islamischen Dialog nichts Gutes zu erwarten.

Damit haben Sie recht, lieber Emir. Sie werden in meinem Privatsekretär einen aufmerksamen Zuhörer finden.

Gern spaziert Sistosesto durch Theben West, mit seinen engsten Vertrauten, kurz nach Sonnenaufgang, bevor die Touristen kommen. Hier

* Glaubensgemeinschaft innerhalb der Schiiten.

in Ägypten ist das Papsttum erfunden worden, erzählt Sistosesto seiner Dotteressa, nicht in Rom. Hier ist die Priesterdienstlichkeit zu Hause gewesen, der ganze unglaubliche Religionsbetrieb, gegen den Moses aufgetreten ist, und auch Jesus.

Nicht besonders erfolgreich.

Gestern habe ich die Schrift eines gewissen Overbeck gelesen, sagt Sistosesto, aus dem Jahr 1873, über die Christlichkeit der Theologie. Overbeck war Professor für alte Kirchengeschichte in Basel und mit Nietzsche befreundet. Er hat nachgewiesen, daß Jesus und die allerersten Christen den baldigen Weltuntergang erwartet haben. Als es damit nichts wurde, meinte Overbeck, erlosch die ursprüngliche Inspiration, und an ihre Stelle trat die Kirche. Es gab nur einen Christen, und der starb am Kreuz.

Das sölltest du lieber nicht laut sagen.

Daß zwischen den Absichten des Herrn Jesus und dem kirchlichen Christentum ein gewaltiger Unterschied besteht, lernt heutzutage jeder Theologiestudent. Diese selbstkritische Einstellung verdankt sich Leuten wie Overbeck. Die Muslime haben keine Overbecks, sagt Sistosesto. Ihre kritischen Köpfe haben im Mittelalter gelebt. Der Emir, mit dem ich das interessante Gespräch geführt habe, weiß das. Er muß sehr vorsichtig sein.

Zum Wochenende hat sich der ägyptische Staatspräsident angesagt. Sistosesto läßt wissen, daß er mit dem Präsidenten das Antonios-Kloster am Roten Meer besuchen möchte, um eine schöne Erinnerung aufzufrischen. Ich war 1980 mit einem Fernsehteam in Ägypten, erzählt Sistosesto dem Präsidenten, und habe auch ein paar Worte mit Sadat* gewechselt, nach dem Freitagsgebet in einer Moschee am Stadtrand von Kairo, wo wir ihn gefilmt haben. Damals haben wir auch im Antonios-Kloster gedreht. Ich hätte es gerne wiedergesehen.

Vom Hubschrauber aus zeigt sich das Kloster mit seinen Palmen, Kirchenkuppeln und Mauern als winzige Oase im unbewohnten Wüstengebiet, am Fuß eines felsigen Berges, aus dem das Wasser strömt, hundert Kubikmeter am Tag, obzwar es in der Gegend kaum regnet.

Ist Vater Daniel noch da?

Mit dem Mönch Daniel kann sich Sistosesto auf Englisch unterhalten. Vor dem Betreten der Kirche, wo die alten Wandmalereien überdauert haben, muß das Schuhwerk abgestreift werden. Auch das Oberhaupt der koptischen Christen hat sich eingefunden. Zum Mittagessen gibt es Linsensuppe, und Sistosesto wünscht sich vom Staatspräsidenten einen wirksameren Schutz der koptischen Minderheit.

* Anwar as-Sadat (1918–1981), ägyptischer Politiker.

Im Kloster hat sich wenig geändert. Nach wie vor singen und rezitieren die fünfzehn Männer von der letzten Stunde der Nacht bis in den Morgen die Hymnen und Gebete aus altchristlicher Zeit, arbeiten dann im Obstgarten und an der Ausbesserung der Gebäude. Während der vier Fastenzeiten sind nicht einmal Milchprodukte erlaubt. Die schwarzen Vögel, an die sich Sistosesto erinnert, sind auch noch da.

Nach dem Essen strecken sich die Gäste im Empfangsraum zu einer Siesta aus. Für ein Stündchen, in der Stille der Wüste, sind die Differenzen zwischen Muslimen und Christen suspendiert. Hoffentlich habe ich nicht geschnarcht, sagt Sistosesto anschließend zum Staatspräsidenten.

Für den Abend hat der Staatspräsident ein Konzert für den Papst organisiert, im Amenophis-Hof des Tempels von Luxor. Die Ausführenden kommen aus Israel, der Dirigent aus Kairo, der Komponist aus dem Baltikum. Gegeben wird *Fratres* von Arvo Pärt, den Sistosesto besonders mag, das *Miserere* und andere Titel aus dem Werk des Meisters.

Ein weiteres Mal, bei Fackelbeleuchtung, läßt Abraham sein Messer sinken, begütigt von der Musik, und das Gewicht der Welt wird erträglich.

Im Urlaub findet Sistosesto endlich Zeit, sich mit den Liedern jenes Ephräm zu befassen, der als der größte syrische Dichter gilt und als Saitenspiel des Heiligen Geistes im vierten Jahrhundert nach Christi Geburt verehrt wurde.

Gemeinsam mit seinem gelehrten Freund aus Graz, den er nach Luxor eingeladen hat, studiert Sistosesto Metrik und Wortwahl des frommen Dichters, vergleicht die Originalfassung mit den Übersetzungen, versucht in der Fremdsprache die geglückte Gestaltung zu erkennen und nachzuempfinden. Warum?

In der Theologie hat die Prosa überhandgenommen, meint Sistosesto, die Überredungskunst, das Grüblertum, die Denksportlichkeit. Immer der erhobene Zeigefinger des Besserwissens. Wenn die Theologen wenigstens gute Stilisten wären. Deswegen suche ich nach Beispielen einer gläubigen Schriftstellerei von literarischem Wert. Hast du dir einmal die Gedichte des Johannes vom Kreuz* angeschaut?

Mein Spanisch ist erbärmlich.

Das ist auch mein Problem. Die *Dunkle Nacht* gilt als unübersetzbar. Um sein Gedicht zu erläutern, hat der Verfasser später fünfhundert Seiten Kommentar verfaßt und unvollendet gelassen. Das Verhältnis von Prosa und

* Spanischer Theologe (1542–1591).

Lyrik erinnert mich an den Unterschied zwischen Sexualkunde und Liebesakt.

In der *Dunklen Nacht* geht es auch um die Liebe.

Diese acht Strophen gehören zu den Höhepunkten der spanischen Dichtkunst, hat García Lorca gesagt. Auf den ersten Blick ist das ein Liebeslied. In dunkler Nacht verließ ich ungesehen. Auf der geheimen Leiter. Das stille Haus.

Kein Wort von Gott.

Richtig. Lorca hat daran erinnert, daß das spanische Olé mit Allah zusammenhängt. Wenn der Augenblick der Wahrheit passiert, beim Stierkampf oder beim Flamenco, begrüßt die Menge den ekstatischen Höhepunkt mit diesem alten arabischen Schrei. Im Andalusischen heißt dieser Moment *duende*. Und Johannes vom Kreuz vermochte ihn auszudrücken. Die Verwandlung, der Umschlagspunkt, die Durchkreuzung des Wachbewußtseins.

Und das alles mitten in den Schrecken der Inquisition.

Streß ist manchmal gut für die Inspiration. Die meisten Handschriften einer Abhandlung der Teresa von Avila* wurden aus Angst vor der Inquisition vernichtet.

Welcher Abhandlung?

Über die Liebe Gottes. Als Frau durfte Teresa

* Spanische Ordensfrau und Schriftstellerin (1515–1582).

nicht die Bibel auslegen. Sie tat es trotzdem, und zwar an einer besonders heiklen Stelle, dem Liebeslied Salomons, das voll von Erotik ist.

Deine Brüste schmecken besser als Wein.

Ja, genau. Mittlerweile ist man draufgekommen, daß Teresa eine Dichterin gewesen ist. Der Orden, den sie wählte, war ihr nicht streng genug. Deswegen wird sie als Heilige verehrt.

Wie auch Johannes vom Kreuz. Er hat von ihr die Härte gelernt.

Auch Strenge ist manchmal gut für die Inspiration. Aber wir verplaudern uns.

Einen Vers Ephräms nimmt Sistosesto nach Europa mit:

Das Schweigen, das häßliche
eisige, das wie vom Winter
eingeschüchtert nicht zu reden wagte.

22

In Luxor hat Sistosesto alle kirchenpolitischen Themen vermieden. Erst im Flugzeug zurück nach Rom erzählt er seiner Troika, was ihm in Ägypten durch den Kopf gegangen ist. Ein roter Talar würde dir gut stehen, sagt er zur Cubicularia.

Wie bitte?

Wenn Evaristo nichts dagegen hat, möchte ich zu Maria Himmelfahrt 24 Kardinalsfrauen haben. Die Ernennungsfeierlichkeit könnte ich mir vor der Basilika unserer lieben Frau von Guadeloupe in Mexiko vorstellen.

Super, sagt die Cubicularia. Und wie willst du das in fünf Monaten durchziehen?

Das ist euer Problem.

Das *Sacramentum Ordinis*, sagt der Präfekt der Glaubenskongregation bei der ersten Lagebesprechung nach dem Urlaub des Papstes, reicht in seiner Substanz bis in die Tage der heiligen Apostel zurück. Gegenwärtig wird es bekanntlich in drei Stufen vollzogen. Diakonatsweihe, Priesterweihe, Bischofsweihe. Daß es nur von Männern empfangen werden kann, ist zwar kein Glaubenssatz, geht aber auf eine Gepflogenheit zurück, die so alt wie das Christentum ist.

Mitunter erscheint es geraten, eine neue Gepflogenheit einzuführen, sagt Sistosesto.

Die Ursprünge des Kardinalskollegiums, sagt der Präfekt, verlieren sich im Dunkel der frühmittelalterlichen Geschichte Roms. *Cardo* heißt Türangel, und *incardinare* nannte man die Besetzung eines Postens, weil der Vorgang dem Einhängen einer Tür gleicht.

Waren die Diakone ursprünglich nicht Sozialarbeiter?

Exakt. Wenn einer von ihnen Bezirksdirektor wurde, war er Kardinaldiakon. Analog dazu gab es Kardinalpriester und Kardinalbischöfe. Geweiht waren sie alle miteinander. Ganz ohne Weihe kann ich mir die neuen Kardinalfrauen nicht gut vorstellen.

Die Diakonatsweihe wäre ein erster Schritt, meint der für die Klerisei zuständige Präfekt.

Ohne Zustimmung des gesamten Episkopats ist das nicht zu machen, erklärt der Präfekt für die bischöflichen Angelegenheiten.

Man könnte eine hypothetische Umfrage unter den Diözesanbischöfen machen, via Internet, meint der Kardinalstaatssekretär.

Tun Sie das bitte, sagt Sistosesto. Notfalls gehe ich selber ans Telefon, wenn ein paar Stimmen fehlen sollten.

Ich habe mich noch gar nicht für das Material über Ephräm den Syrer bei Ihnen bedankt, sagt Sistosesto nach der Lagebesprechung zum Präfekten der Glaubenskongregation.

Da niente, Heiligkeit.

Noch etwas. Erinnern Sie sich an unser Gespräch über die Frage, ob ein Papst Bischöfe weihen darf, auch wenn er selber keiner ist, so wie ich beispielsweise?

Aber sicher. Da haben Sie uns eine harte Nuß zum Knacken gegeben.

Und was ist dabei herausgekommen?

Im ersten Jahrtausend sind in Rom stets Priester zum Papst gewählt worden. Bischöfe von auswärts kamen deswegen nicht in Frage, weil sie ihre Herde nicht verlassen durften.

Ein schöner Gedanke, sagt Sistosesto. Warum weihen wir eigentlich päpstliche Diplomaten zu Bischöfen?

Aus Prestigegründen.

Höchste Zeit, damit aufzuhören.

Geistlichkeit und Volk eines Kirchensprengels wählten eine würdige und erfahrene Person aus ihrer Mitte zum Chef, beteten für sie und legten ihr die Hände auf. Das ist die ursprüngliche Idee. Ohne Funktion keine Weihe.

Daß die Bischöfe benachbarter Kirchensprengel zu einer solchen Feierlichkeit eingeladen wurden, versteht sich von selbst.

Ich hätte meiner Cubicularia ganz gern die Diakonatsweihe erteilt. Schließlich gehört sie zu meinem Stab.

Das wäre nur dann ein Problem, wenn die Weihegewalt magisch verstanden wird. Theologisch gesehen bildet der päpstliche Haushalt eine Gemeinde. Wenn die Gemeinde einverstanden ist, wird eine Person aus ihrer Mitte in eine bestimmte Funktion befördert. Ausdruck der Beförderung ist die Weihe.

So klar habe ich das noch nie gelesen. Veröffentlicht die Glaubenskongregation nicht gelegentlich Antworten auf knifflige Fragen?

Durchaus.

Dann möchte ich Ihre Antwort schriftlich haben. Der Papst kann schließlich nicht alles wissen.

Bald geht es im katholischen Internet drunter und drüber. Irgend jemand ist in das bischöfliche Network eingedrungen, und schon melden sich Klosterfrauen, Missionspriester, Pastoralassistentinnen, Caritasdirektoren, Zeitungsleute, Hobbytheologen tausendfach auf den Bildschirmen. Die für die Homepage des Vatikans zuständige Equipe muß rund um die Uhr arbeiten.

Wir haben bereits 3756 Kandidatinnen für den Job einer Kardinalsfrau, erzählt die Cubicularia während der nächsten Lagebesprechung.

Kein schlechtes Zeichen, sagt Sistosesto. Evaristo hat mich gebeten, die Sichtung der Anwärterinnen hier in Rom durchzuführen. Seine Kanzlei ist erst im Aufbau begriffen. Stellt euch einmal vor, wir hätten kein Papsttum. Das reinste Chaos wäre die Folge. Ich nehme an, die Generaloberinnen der wichtigsten weiblichen Ordensgemeinschaften streiten sich bereits um einen Platz auf der Liste der Kardinalsfrauen.

Die letzte Entscheidung liegt bei Ihnen, Heiligkeit, sagt der Präfekt für die gottgeweihten Einrichtungen.

Die eine oder andere Frau mit politischer Erfahrung wäre mir durchaus willkommen, sagt Sistosesto, so etwas wie eine pensionierte Ministerpräsidentin beispielsweise.

Die einzige katholische Dame, die dafür in Betracht käme, ist leider geschieden, sagt der Kardinalstaatssekretär.

Na und? Wir sind hier kein Mädchenpensionat.

Die Textinflation im Internet öffnet mittlerweile die Schleusen für all die Mutwilligkeiten, mit denen der Mantel der Religion bestickt ist. Unter anderem wird die Abschaffung aller Ämter verlangt, mit Berufung auf Jesus Christus, die Vernichtung heiliger Bilder und Statuen, der Verzicht auf bewegliches und unbewegliches Vermögen. Aus einer anderen Ecke kommt die Forderung, das Liebesleben aller geistlichen Personen als ihre Privatangelegenheit aufzufassen. Aber auch wütender Protest gegen die Zulassung von Frauen in verantwortliche Positionen läßt sich vernehmen, mit Zitaten aus den Predigten berühmter Kirchenlehrer und Ordensgründer. Im Gegensatz dazu steht der Vorschlag, an der Stelle der traditionellen Patriarchate die Einrichtung von Matriarchaten zu erwägen, um der Männerherrschaft endlich ein Ende zu machen. Während die einen sich dringend eine Päpstin wünschen, fordern die anderen die Liquidierung des Kirchenstaates und den Verkauf der Peterskirche an die Walt Disney Corporation.

Auf Wink des Vatikans zupft das Fernsehen der italienischen Bischofskonferenz die seltsamsten Blumen aus dem katholischen Garten heraus, läßt Querulanten und Weltverbesserer miteinander diskutieren und landet damit einen Hit beim Publikum. Im *Osservatore Romano* beginnt eine tägliche Rubrik der allermerkwürdigsten Wortmeldungen zu erscheinen, unter dem Titel »Der Chor der hunderttausend Narren«.

Ist das nicht der Zynismus des Teufels? Wenn wir die Menschen, wie komisch sie auch erscheinen mögen, der Lächerlichkeit preisgeben, sagt Sistosesto zum Pressesprecher, dann verletzen wir die christliche Liebe.

So leid es mir tut, sagt der Pressesprecher, aber in der Welt der Medien hat die christliche Liebe nichts verloren. Die Spinner sollen froh sein, daß sie nicht mehr auf dem Scheiterhaufen landen.

Sind Sie vielleicht wieder in die Kirche eingetreten, fragt Sistosesto den Pressesprecher.

Allerdings.

Das habe ich mir gedacht.

So lernt Sistosesto, wie im schönsten Apfel der Wurm sitzt. Nicht wahr, mein Teufel? Den Worten des Nazareners entnahmen die christlichen Herrscher die Weisung, den heiligen Glauben mit Feuer und Schwert zu verbreiten. Das war der Drang nach Vermehrung, und wer vermöchte zu sagen, mein Engel, ob Jesus ganz von ihm frei war, als er den ersten Fischer aufforderte, mitzukommen. Mit dem Projekt der Kardinalsfrauen ist Sistosesto seinem Wappenspruch gefolgt. *Solve et coagula.* Auflösen und zusammenbringen. Jetzt beginnt er zu spüren, wie seine Initiative dem Machterhalt, ja dem Wachstum der katholischen Sache dienstbar gemacht wird.

Was denn sonst, sagt die Dottoressa. Glaubst du denn wirklich, daß du von lauter Engeln umgeben bist?

Ich möchte es glauben, sagt Sistosesto. Weil ich selbst keiner bin.

23

Handschreiben von Evaristo, soeben per Sonderkurier eingetroffen. Sistosesto öffnet den Brief frühmorgens in Castelgandolfo. Wenigstens meinen Kaffee hättest du mich trinken lassen können, sagt er zum Privatsekretär. Ist es so dringend?

Sehr.

Merkwürdig. Er schreibt lediglich, daß sich eine gewisse Rosa de Lima bei der Dottoressa melden wird, im Auftrag des Modehauses Gucci. Sie soll vorgelassen und an mich weitergereicht werden, möglichst diskret. Wie stellt er sich das vor? Soll ich die Frau im Schlafzimmer empfangen?

Zwei Stunden später spaziert Sistosesto mit einer eleganten Dame mittleren Alters im Park von Castelgandolfo herum, in Gesellschaft der Dottoressa. Warum soll sich der Papst nicht einmal für die Garderobe seiner Lebensgefährtin interessieren? In dem Dossier, das die Besucherin mitgebracht hat, ist von Mode allerdings nicht die Rede.

Lieber Freund, schreibt Evaristo, die Überbringerin dieses Materials hat mein volles Vertrauen. Sie gehört zum inneren Kreis jener Frauen, denen ich meine Genesung verdanke. Von ihnen wurde mir vorgestern das Dossier zugespielt, mit dem ich eine sehr unruhige Nacht verbracht habe. Den Schlüssel zu dem Banksafe in Zürich, wo die wichtigsten Beweisstücke liegen sollen, habe ich vorläufig behalten. Schwester Teresinha (Rosa de Lima ist ein Deckname) wird mir Deine Stellungnahme persönlich bringen. Wir beide sollten vorläufig die einzigen sein, die Bescheid wissen. Was Du in Händen hältst, stammt aus dem Nachlaß der brasilianischen Archäologin Maria dos Santos, die vor zwei Wochen gestorben ist. Ich hätte Dich damit nicht belästigt, wenn es nicht um das Grab Christi ginge. Möglicherweise sitzen wir auf einer Zeitbombe. Melde Dich bald!

Das oberste Schriftstück ist ein Brief vom 13. Oktober 1968. Meine süße Maria, schreibt ein gewisser Manuel, Du fehlst mir sehr. Ich habe eine große Überraschung für Dich.

Der Brief kommt aus Jerusalem.

Sistosesto erfährt, daß ein aus Wien nach Palästina emigrierter Psychoanalytiker namens

Manuel Velikovski neben seiner Praxis als Nervenarzt in der Freizeit als Amateur-Archäologe arbeitete, mit dem einzigen Ziel, das echte Grab Christi zu entdecken, womöglich mit den Überresten des Erlösers darin.

Ich habe Dir erzählt, liest Sistosesto, wie ich schon als Bub gelacht habe, als mir mein Papa erzählte, die Jünger hätten den Leichnam des Jesus gestohlen und an einem geheimen Ort begraben, damit sie sagen konnten, er sei von den Toten auferstanden. Später habe ich in der Christenbibel nachgelesen und bin dabei auf einen Satz gestoßen, der mich elektrisiert hat. Maria stand draußen am Grab und weinte, steht im Johannesevangelium, und wie sie so weinte, beugte sie sich vor in das Grab und sah zwei weißgekleidete Engel dasitzen, einen zu Häupten und einen zu Füßen, wo der Leichnam Jesu gelegen hatte. Und die Engel sagen zu ihr, Warum weinst du? Sie sagt, Weil sie meinen Herrn weggenommen haben, und ich weiß nicht, wo sie ihn hingelegt haben! Bingo! Sogar in der Christenbibel steht die Sache drinnen, und ich frage mich, wer wohl den Leichnam weggeschafft haben könnte und wohin. Dabei bin ich auf Lazarus und seine beiden Schwestern Martha und Maria gestoßen. Die verschwinden alle drei spurlos nach der Hinrichtung des Jesus aus den Evangelien, obwohl sie doch seine besten Freunde waren! Bitte komm bald nach Jerusalem, ich möchte Dir etwas zeigen.

Der nächste Brief, Weihnachten 1968, enthält weitere Hinweise. Wie schön, daß Du bald hier sein wirst. Ich bemühe mich hier um ein Forschungsstipendium für Dich. Kannst Du Dich noch erinnern, wie ich Dich in den arabisch besetzten Teil geführt habe, mit einer Sondergenehmigung, nach El-Azariya am östlichen Abhang des Ölbergs, vor drei Jahren? Wie ich Dir das Haus gezeigt habe, das ich dort mieten wollte? Ich habe es gleich nach dem Sechstagekrieg kaufen können, und seither hat sich mein Leben verändert.

Jetzt muß Sistosesto sein altes Bibellexikon konsultieren. Die heutige arabische Ortsbezeichnung El-Azariya ist von Lazarus abgeleitet und an die Stelle des Namens Bet-ani getreten, wie das Nest zur Zeit Christi hieß. Nun war da ein Kranker, so das Johannesevangelium, Lazarus von Betanien, aus dem Dorf der Maria und ihrer Schwester Martha. Jesus liebte Martha und ihre Schwester und den Lazarus.

Was Manuel gefunden hat, geht aus den Briefen an Maria dos Santos nicht hervor. Die letzten Nachrichten des alten Herrn an seine Freundin in Brasilien stammen aus den siebziger Jahren und erzählen von einer bevorstehenden Herzoperation. Gott sei dank, daß ich Dir alles übergeben habe. Paß gut auf, daß die Fotos sachgemäß gelagert werden!

In der zweiten Mappe findet Sistosesto zunächst ein Billett des Archäologen Yigael Yadin vom 2. Juli 1968 an Dr. Velikovski. Ich bin soeben beim Ministerpräsidenten gewesen, liest Sistosesto, und habe ihm alles erzählt. Das fehlt uns gerade noch, hat er gesagt, daß wir Juden die Gebeine Christi gefunden haben sollen! Strengste Geheimhaltung!

Folgt ein offizielles Dokument in Iwrith, mit beglaubigter Übersetzung ins Englische. Dr. Velikovski verkauft sein Haus in El-Azariya dem Staat Israel. Das beigefügte Protokoll einer Begehung der Liegenschaft ist von Yadin unterfertigt. Offenbar hat Velikovski auf einer schriftlichen Fixierung seines Fundes bestanden, ehe er dem Verkauf zustimmte. Die 32 Blatt archäologischer Prosa sind eine mühsame Lektüre. Vermessungsdaten über die Lage der drei Ossuarien in der Kellerwand unter dem Haus, hinter einer Mauer aus der Türkenzeit. Weitere Angaben über die Behälter mit den Knochenresten darin. Die aramäischen Buchstaben zur Kennzeichnung der Toten. Marta, Lazar, Jeschua. Dann die eigentliche Sensation, das Kouvert aus Ziegenleder mit dem Schriftstück darin, gefunden im mittleren Ossuar. Sistosesto überfliegt den Text und spürt plötzlich, daß er ihn eigentlich kniend zur Kenntnis nehmen sollte:

Ich der Priester Eleazar aus dem Geschlecht Aarons bezeuge, daß hier der Gerechte Israels bestattet liegt. Möge sein Fleisch in Hoffnung ruhen. Es werden auf ihn schauen, die ihn durchbohrt haben.

Das Original, so entnimmt Sistosesto der dritten Mappe, ist in dem Zürcher Banksafe hinterlegt, dessen Schlüssel bei Evaristo geblieben ist. Weitere Dokumente folgen. Die Ausfuhrgenehmigung, zwei Gutachten der Hebrew University, der Vertrag mit dem Bankinstitut. Eine eidesstattliche Erklärung. Wir, die unterfertigten Manuel Velikovski und Maria dos Santos erklären, zu unseren Lebzeiten strengstes Stillschweigen über den Fund in El-Azariya zu bewahren. Die Entscheidung über die Veröffentlichung des Nachlasses soll dem Vatikan im Einvernehmen mit dem Staat Israel überlassen werden. Diesbezügliche Testamentsbestimmungen haben wir getroffen.

Zuletzt ein kurzer Brief der Maria dos Santos an ihre Schwester. Ich werde nächste Woche ins Spital müssen. Paß bitte gut auf das versiegelte Paket auf, das ich Dir gestern gegeben habe.

Seele Christi, heilige mich. Leib Christi, erlöse mich. Blut Christi, tränke mich. Wasser der Seite Christi, wasche mich. Sistosesto sitzt in der Kapelle des Schweigens, allein mit dem Schmerzensmann der Christenheit. Kann, darf, soll den Menschen eine weltweite Debatte über den Verbleib der Leiche des Herrn Jesus zugemutet werden? Wenn sie nachweislich im Grab geblieben ist, hat der Auferstehungsglaube ein Problem.

Der Ort, an dem der Tote am Karfreitag hastig beigesetzt wurde, ist archäologisch ungewiß, trotz der mächtigen Grabeskirche im Zentrum Jerusalems. Sie wurde zu Ehren der »Höhle des Heils« errichtet, die von der Mutter des Kaisers Konstantin anno 326 entdeckt wurde, unter einem Venustempel des zweiten Jahrhunderts. Jedenfalls, überlegt Sistosesto, benötigt man eine Stunde, um von der vermutlichen Hinrichtungsstätte nach El-Azariya zu gehen. Ein weiter Weg, um einen Leichnam zu transportieren, heimlich in der Nacht womöglich.

Leiden Christi, stärke mich. Wenn der Auferstehungsglaube nicht einmal die zweifelhafte Geschichte von einem Knochenfund ertragen kann, flüstert mein Teufel, steht er auf schwachen Beinen. Selig, die nicht sehen und doch glauben, antwortet mein Engel.

Erstens ist die Geschichte nicht hundertprozentig wasserdicht, schreibt Sistosesto an Evaristo, und zweitens würde sie mit ziemlicher

Sicherheit eine antisemitische Welle auslösen. Wenn es Dir recht ist, rede ich mit dem Vertreter Israels beim Heiligen Stuhl und schlage ihm vor, daß wir den Mund halten. Das Banksafe wird aufgelöst, sein Inhalt kommt in die Archive des Vatikans und bleibt bis auf weiteres unter Verschluß.

Was hast du denn heute den ganzen Tag gemacht, fragt die Dottoressa beim Abendessen.

Über Ostern nachgedacht.

Warum?

Mir ist der Ausspruch eines berühmten Theologen eingefallen. Ein Leichnam kann nicht wieder lebendig werden und aus dem Grab steigen. Das stand bereits vor vierzig Jahren im »Spiegel«. Kardinal Drewermann hat dem zugestimmt.

Deine Kollegen kann von mir aus der Teufel holen, sagt die Dottoressa.

Aber, aber. Wenn ich in Pension bin, können sie mich ohnehin alle gern haben.

24

An den Sonntagen kommt die Cubicularia gern zum Mittagessen nach Castelgandolfo hinaus. Die Dottoressa hat sich mit ihr angefreundet, und wenn Sistosesto seine Siesta hält, sitzen die beiden Damen noch eine Weile plaudernd beisammen.

Ich glaube, es hat ihn erwischt, sagt die Cubicularia.

Eine Sekretärin?

Nein. Schwester Dominica ist aus meinem Orden, erzählt die Cubicularia. Sie schreibt an einer Dissertation über die theologische Erzählform im Werk Sixtus VI. und hat mich gebeten, ihr einen Termin beim Heiligen Vater zu vermitteln, weil sie ihm ein paar Fragen zu stellen hätte.

Ist sie hübsch?

Sie kommt aus Spanien, hat eine zierliche Figur und dunkle Augen, ist schüchtern und hochintelligent.

Das paßt alles, sagt die Dottoressa.

Seit April stecken die beiden zweimal in der Woche beisammen und dürfen nicht gestört werden.

Wenn der alte Filou zehn Jahre jünger wäre, hätte die kleine Dominica keine Chance.

Und was sollen wir machen?

Gar nichts, sagt die Dottoressa.

Darf ich Sie fragen, Heiliger Vater, sagt Schwester Dominica zu Sistosesto, warum Sie in der Mitte der siebziger Jahre Ihren Stil geändert haben? Sie hat ihr Tonbandgerät mitgebracht und sitzt ernst vor dem Schreibtisch des Papstes, mit einem Heft in der Hand, in dem die vorbereiteten Fragen stehen.

Das war nach dem Tod meiner Mutter, erzählt Sistosesto. Sie ist überraschend gestorben, im Spital, wo sie wegen einer eher unbedeutenden Komplikation lag. Als ich sie besuchte, hat sie sich bei mir für alles bedankt und ist dann bewußtlos geworden. Es gab einen Herzalarm, und zehn Minuten später war sie tot.

Haben Sie Ihre Mutter geliebt?

Ja. Der alte Mann hascht vergebens nach der Liebe des Weibes, wie er sie zuerst von der Mutter empfangen hat. Aber nur die schweigsame Todesgöttin wird ihn in ihre Arme nehmen.

Das haben Sie schön gesagt.

Ein Zitat aus den Schriften Freuds, sagt Sistosesto. Ich kann es auswendig. Ein wenig erinnern Sie mich an meine Mutter, Schwester Dominica.

Warum?

Immer wenn ich meine Mutter küßte, hat sich eine leise Bangigkeit in meine Gefühle gemischt.

Nach ihrem Tod müssen Sie sehr traurig gewesen sein.

In ihrer Wohnung fand ich einen kleinen Blumentopf mit Stiefmütterchen. Ich nahm ihn mit, um ihm täglich Wasser zu geben. In diesen Wochen hatte ich manchmal das Gefühl, meine Mutter würde mir gern den Rat geben, möglichst einfach zu schreiben. Ich hatte eine Trockenperiode hinter mir. Ein Buch über die Ketzer, das ich damals schreiben wollte, kam nicht in Schwung. Und dann, bald nach dem Tod meiner Mama, schrieb ich den ersten Satz meines Buches über die Mystik für Anfänger: Warum hat meine Mutter keinen Haupttreffer gemacht?

Dieses Buch, sagt Schwester Dominica, gehört in eine Reihe mit Ihren Büchern über das Mitleid und über die Keuschheit. Und zwar wegen der assoziativen Arrangierung des Stoffs, wie mein Professor in Salamanca gesagt hat.

Ja, so könnte man es sehen, meint Sistosesto. Unsere Stunde ist leider zu Ende. Kommen Sie am Freitag?

Sehr gern, Heiliger Vater.

Ich beneide Sie darum, sagt Sistosesto zu Schwester Dominica, daß Sie die Gedichte des heiligen Johannes vom Kreuz im Original lesen können. Sehen Sie, hier habe ich eine zweisprachige Ausgabe, mit einer angeblich sehr guten englischen Übersetzung. Sistosesto schiebt das Bändchen über den Schreibtisch, und für einen Augenblick berühren die Fingerspitzen des Papstes die Hand seiner Besucherin.

En una noche obscura, sagt Schwester Dominica leise.

Once in the dark of night klingt lang nicht so schön, sagt Sistosesto.

En amores inflamada.

When love burned bright.

Juan de la Cruz hat die Liebe zwischen Frau und Mann als Ausdruck des Göttlichen aufgefaßt, sagt Schwester Dominica. Man muß sie nur *a lo divino* verstehen.

Das Innere nicht gewaltsam nach außen bringen.

Sie sagen es, Heiliger Vater.

Der Schluß Ihres Buches über die Mystik, sagt Schwester Dominica, gefällt mir besonders gut. Wenn die Anfänger aufhören, den Namen Gottes bei jeder Gelegenheit zu verwenden, dann hören sie auf, Anfänger zu sein.

Ja, sagt Sistosesto, das glaube ich immer noch.

Auch Juan de la Cruz hat in seinem schönsten Gedicht den Namen Gottes nicht benötigt, als er das Liebesglück der Seele besang, die auf der geheimen Leiter unterwegs ist.

La secreta escala, sagt Sistosesto. Wenn man auf ihr hinaufgestiegen ist, muß man sie wegwerfen.

Dann hat es keinen Sinn mehr, Gott in Aussagesätzen zu verwenden, sagt Schwester Dominica.

Gott ist erst im Entstehen begriffen, sagt Sistosesto. Dann steht der Papst auf, geht um den Schreibtisch herum und küßt Schwester Dominica auf den Mund.

Nächste Woche muß ich zurück nach Spanien, sagt Schwester Dominica.

25

In drei Jahren, sagt Sistosesto zu seiner Dottoressa, wenn ich endlich in Pension bin, könnten wir für zwei oder drei Monate nach Neuseeland fliegen. Ehe die Engländer kamen, gab es dort kein einziges Raubtier. Ein Vogelparadies. Wenig Tourismus, nur fünfzehn Prozent Katholiken. Die Anglikaner und Presbyterianer werden uns wie zwei urlaubende Oldies behandeln. Tee trinken, Ausflüge machen. Keine Kathedralen aus dem Mittelalter, keine Erinnerungen an Kreuzzüge und Renaissancepäpste. Besonders freue ich mich auf die Pinguine. Sie schauen wie drollige Priesterlein aus.

Und was geschieht mit den Katzen?

Die werden in Castelgandolfo auf uns warten.

Der List Verlag ist ein Unternehmen der
Econ & List Verlagsgruppe

ISBN 3-471-79383-6

Gesetzt aus der Berling Roman bei
Franzis-Druck GmbH, München
Druck und Bindearbeiten: Graphischer Großbetrieb, Pößneck